良渚时期的玉石器文化及鉴别

章正义 编著 （上册）

中国传媒大学出版社

图书在版编目（CIP）数据
良渚时期的玉石器文化及鉴别/章正义编著—北京：中国传媒大学出版社.2008.7
ISBN 978-7-81127-315-1
Ⅰ.良… Ⅱ.章… Ⅲ.良渚文化—古玉器—鉴别 Ⅳ.K871.134 K876.84
中国版本图书馆CIP数据核字（2008）第075484号

良渚时期的玉石器文化及鉴别

编　　著：章正义
责任编辑：秋　实
责任印制：曹　辉
出 版 人：蔡　翔
封面制作：泰美创意图文

出版发行：中国传媒大学出版社　（原北京广播学院出版社）
社　　址：北京朝阳区定福庄东街1号　邮编：100024
电　　话：010-65450532或65450528　传真：010-65779405
网　　址：http://www.cucp.com
经　　销：新华书店总店北京发行所
印　　刷：北京捷迅佳彩印刷有限公司

开　　本：787×1092mm　1/16
印　　张：9
版　　次：2008年7月第1版　2008年7月第1次印刷

书　　号：ISBN 978-7-81127-315-1/K·315　　定价：32.00元

内容简介

这是一本介绍如何鉴别良渚文化玉石器的书。良渚文化是与红山文化齐名的我国新石器晚期的文化。这两种文化都以精美的玉石器享誉海内外，由于良渚文化时期距今已有四五千年的历史，再加上当时并没有文字，所以要判定一件器物是否是良渚文化时期的是十分困难的。现在市场上尚未有一本系统介绍良渚文化玉石器的书，更不用说是如何鉴别良渚文化时期的玉石器了。

本书从良渚文化时期独特的用管钻法加工孔的技术入手，详细地分析了用管钻法加工出来的孔的特点，以及管钻孔中的螺旋纹的特点。由于管钻孔很难仿制，再加上良渚文化时期的玉石器大部分是用管钻法加工出来的，从而解决了一大部分器物的鉴别问题。本书进而讨论分析了玉石器的表面现象，从氧化和沁色入手，着重分析了鸡骨白形成的原因、特点及表现形式，从另一个角度提出了良渚文化时期玉石器的鉴别方法。

本书对良渚文化时期的斧、钺、刀、圭、璜、璧的起源及演变作了认真的分析,使读者能对这一时期的主要器型有一个全面的了解，这也是鉴别良渚文化时期的玉石器必不可少的一个方面。

本书所提供的良渚文化时期的斧、钺、刀、圭这几种器型之全，是国内任何一家博物馆所不能比的。

本书揭示了圭的起源，解开了一个考古界的千古之谜，并对璜、璧的起源及演变作了认真的分析，提出了自己的看法。

本书图文并茂，共有一百六十幅图片，每一个论点和难点必有图来佐证，看图识文、通俗易懂。

通过本书的学习能使读者初步掌握良渚文化时期玉石器的鉴别方法及从整体上提高鉴别能力。

虽然本书是专门介绍良渚文化时期玉石器鉴别方法的书，但书中介绍的方法和思路对鉴别同时期的高古玉器同样有重要的参考和指导意义。

笔者首次写书，文笔虽差但力求通顺及通俗易懂，书中的全部观点都是在实践中的经验总结，难免有不当之处，望指正。

下册内容简介

下册内容包括：

1. 锛和凿的演变和器型。
2. 从耜到犁的演变过程。
3. 陶制的石斧（钺）——紫沙器。
4. 鸡骨白的其他表现形式。
5. 良渚玉石器的加工方法。
6. 几种不知用途的良渚石器。
7. 鉴别实例。

目　　录

第一章

良渚文化简介

在美丽的东海之滨、杭州湾畔有一座富有江南水乡特色的古镇——良渚镇。“这里属天目山余脉与杭嘉湖平原的接壤地带，港汊纵横交错，沃野阡陌绵延，村落星罗棋布。良渚镇东、南、北三面均为平原地带，这里港汊罗布，人烟稠密，土地肥沃，物产丰富”。据方志记载，“良渚”一名最早见于宋代，称“梁渚里”。“梁渚”转而为“良渚”应在明代(公元1368年至1644年)，具体时间不可考。清代(公元1644年至1911年)的各种《杭州府志》均已称“良渚”。“良”，在《说文》里被解释为“善也”，即美好之意；“渚”，《尔雅 · 释水》里说：“水中可居者谓曰‘洲’，小洲曰‘渚’。”“良”与“渚”的组合，即是“美好的水中之洲”的意思，这与河港密布的良渚镇地理环境相符。当代的考古新发现也向人们昭示，“早在距今4000~6000年前，良渚镇至瓶窑镇吴家埠一带，便已是文化昌盛的原始聚落所在。”（摘自《住在杭州网》2005年8月19日）

良渚文化遗址最早发现于1936年，当时供职于西湖博物馆的施昕更先生和卫聚贤等人在良渚镇的荀山附近发现了一些以黑皮陶和磨光石器为特征的新石器时代文化遗存，并在1937年先后进行了三次小规模的考古发掘，出土了大量的陶器、石器及地表遗存，后来根据这些发现编写成《良渚－杭县第二区黑陶文化初步报告》，于1938年8月正式出版，“良渚”之名因此轰动了全国。20世纪50年代末夏鼐先生正式命名这类遗存为“良渚文化”。后来，随着江苏吴县草鞋山、武进土墩和上海青浦福泉山等遗址的发掘，尤其是1983年以后浙江余杭(今为杭州市的一个区)瓶窑的反山、汇观山和安溪瑶山等显贵者大型墓葬、祭坛或大型建筑基址以及江苏昆山赵陵山墓地等一系列重大遗址的发现和发掘，良渚文化考古有了重大突破。学术界开始对良渚文化刮目相看，掀起了研究良渚文化和探讨中华文明起源的热潮，取得了许多令人瞩目的成果。1994年，国务院将良渚遗址群落列入向联合国科教文组织申报《世界遗产名录》的预备清单；良渚遗址群的保护和开发利用，也同时被国家文物局向国务院上报推荐为“中国21世纪议程优先项目计划”。从30年代的初露端倪，到80年代后期以来的一系列重大突破，良渚文化被视为20世纪最重大的考古发现之一，这是当之无愧的。良渚文化遗存分布在江苏、浙江、上海三省市境内，南起钱塘江，北至江苏中部（主要是长江以南），成为距今四五千年左右长江下游及环太湖流域这一类物质文化遗存的统一称谓。它见证了长江下游古代文明和文化的发展，并被世界考古学界认定为中国和世界东方早期文明的主要代表之一。关于良渚文化的年代，业内人士目前认为其上限大体距今5200～5300年，下限距今4400年左右。在同一地区与良渚文化一脉相承的新石器文化还有崧泽文化和马家浜文化，而马家浜文化可追溯到距今7100年左右。

人类社会的发展经历了石器时代、青铜器时代、铁器时代和当今的电子时代。石

器时代又可分为旧石器时代和新石器时代。

良渚文化时期处于新石器时代的晚期，社会结构处于原始社会的末期，父系社会已逐渐取代母系社会，生产力的发展已经达到了一个较高的水平。良渚文化有相当发达的稻作农业，懂得养蚕和丝织，并以磨制精细的石器、制作精美的黑陶器、雕琢精巧的玉器以及建造大规模的人工土台和玉器随葬墓而备受世人关注。

良渚文化的陶器以快轮制造的黑陶著称，其典型器物有鱼鳍形足鼎、高把豆、圈足盘、双鼻壶、宽把带流杯、捏流鬶和澄滤器等。一些陶器上有雕刻很细的花纹，主题纹饰有龙蛇纹、鸟纹和云雷纹等。

在良渚文化时期农业生产已进入用犁耕作的时代，石制的农业生产用具主要有三角形石犁、旱田或水田用的破土器、斜柄或直柄的石锹、圆柱形石锄、石镰等。在良渚文化遗址，多处出土了粳稻和籼稻的实物遗存。还在浙江湖州钱山漾等地发现有花生、蚕豆、甜瓜子、小泡瓜子、红蓼、菱角、葫芦、酸枣核、毛桃核等植物籽实，其中有的可能已属人工栽培。

在良渚文化时期手工业已经从农业中分离出去，竹编、木作手工业发达，竹木器广泛应用于生活和生产方面，钱山漾一地即出土整、残竹编器物200多件和不少木器。在历史悠久的麻纺手工业之外，又开辟了丝织手工业新领域，钱山漾出土的绢片、丝带和丝线，是目前中国史前时期最重要的丝织品实物，经鉴定原料都是家蚕丝。

良渚文化时期所表现的社会形态，表明当时已进入人类社会发展史上的第一次社会大分工。由于手工业（包括制陶业、石器以及玉器的制造业、纺织业等）从农业中分离出去，促进了商品交换的发展，同时也表明在当时已经有了流通的货币。

良渚文化的发现，改变了以往人们对我国文明起源的时间、方式、途径等重大学术问题的认识，并将继续丰富人们对我国文明史的认识。如果把夏朝当做中国文明史之开始，中国文明至今约为4200年。但良渚文化遗存的发现则把中国的文明史提早至距今5000多年，所有发现的遗迹、遗物表明，良渚文化是中国古代文明的一个有机组成部分，是中国早期文明——华夏文明的重要源头之一，是夏、商、周三代以前中国远古文化发展的一个顶峰。

第二章

良渚文化时期玉器简介

在良渚文化时期，文明的曙光开始照临东南方的湖海之滨。一个重要的现象便是，作为美石的玉器已经被赋予了超出审美之外的社会意识，渗透到社会政治、经济和生活的各个方面。

我国是一个崇尚玉的国家，考古发现早在新石器时代中期就有了玉器的使用，距今已有六七千年的历史。自古以来玉器的发展一直沿着三条主线进行。

新石器时代始于距今12000年左右。自从人类进入新石器时代以后，各种各样的玉器始终伴随着我们而行。由于有的玉材的硬度很高，最早的玉器可能出现在石斧以及加工工具中，但它不是最早定型的玉器。玉器作为劳动生产工具（也有人称为玉兵器）是玉器发展的第一条主线。

玉器发展的第二条主线是沿着装饰品发展的。爱美之心人皆有之，这句话不是光针对当今的人说的。早在新石器时代中期，人类尚处于母系社会时期，就开始用玉器作为装饰品来美化自己。在马家浜文化时期或许更早一些时间，就已普遍制作和使用玉玦、玉璜等玉器（玉玦是用来当做耳环卡在耳朵上的，而玉璜是用来挂在胸前的），虽然那时的石制工具仍很粗糙，但玉玦、玉璜的制作却十分精美，它们是我国玉文化中最早出现的玉器，而“玦”是我国玉文化中最早定型的器型。

玉器发展的第三条主线是沿着祭祀品发展的。

在新石器时代的早中期尚难看到祭祀用玉器的痕迹，但这并不能说明那时没有祭祀活动。在长江下游及环太湖流域地区，在良渚时期已经可以看到大量的祭祀用玉器，钺、璧、琮等一些祭祀用玉器就是那个时期产生的。

我国的玉器发展就是沿着劳动生产工具（包括兵器）、装饰品、祭祀用玉器这三条主线发展的。第一条主线一直延续到青铜器时代，由于青铜器逐渐替代了石器的使用，以玉器作为劳动工具便逐渐消亡。第三条主线到近代也逐渐消亡。当前的玉器主要作为装饰用。这就是我国玉器发展的大致过程。

良渚时期处于新石器时代的晚期，玉器的发展历经了将近三千年，玉器的品种可以说达到了丰富多彩的程度。主要类型有：

1. 生产工具（包括兵器）类：锛、凿、斧、钺、刀、纺轮等。
2. 装饰品类：玦、璜、环、瑗、镯、璧、管、珠、龟、蝉、坠饰、牌饰、杖端饰、筒形器、三叉形器、冠形器、柱形器、锥形器等。
3. 祭祀类：璧、圭、琮、锥形器等。

虽然新的器型不断地被发现，但总的来说还是跑不出上述三个方面。

在当时与良渚时期相近的新石器文化，北有红山文化（包括辽河流域诸文化，距今约5000～6000年左右），中有凌家滩文化（距今约5300年），南有河姆渡文化晚期（与良渚时期相近）等其他文化。与这些同是新石器晚期的文化相比，良渚文化时期的玉器有着自己的一些特点。

1. 良渚文化时期的玉器分布地域范围广、品种数量多、存世量大，这是其他各文化所不能比的。
2. 在良渚文化时期，玉器的材质一般为就地取材。在太湖及其周边地区所产各种粗玉中，以透闪石、阳起石为主，有少量蛇纹石。玉石颜色以绿为主，或泛青或透黄。1982年，江苏省地质矿产局区域调查队的钟华邦工程师在溧阳南部的天目山余脉小梅岭发现了透闪石软玉矿床，经鉴定，证明与良渚玉料相似。软玉摩根氏硬度为6～6.5度。
3. 良渚文化时期的玉器在器型上一般以扁平器居多，讲究左右两边对称。数量最多的有斧、钺、璧、锥形器等。玉琮是良渚文化时期晚期最重要的典型器，存量稀少。
4. 良渚文化时期的玉器由于在江南水乡的地下埋藏了四千多年以及玉质的关系，出土时大部分呈鸡骨白形态。
5. 良渚文化的纹饰极富地域特点，主要是神人兽面纹（包括简化了的神人兽面纹）、兽面纹和太阳纹。有纹饰的良渚玉器十分稀少，神人兽面纹（包括简化了的神人兽面纹）一般出现在钺、璧、牌饰、筒形器、三叉形器、冠

图二·一　神人兽面纹

形器、柱形器等饰品上。一般用浅浮雕的手法表现出轮廓，然后在凸出的表面上用深浅不一的阴刻线表现细部。整个图案重点突出对人的头部的描述。由于在有的图案上刻画有人的双手和双脚，故把它称为神人兽面纹。见图二·一：神人兽面纹（该图在人的眼睛旁边刻画有一双手）。

兽面纹通常只用于玉琮的制作上，与神人纹相比它只有对眼、鼻、嘴的简单描述，有的除了用两个圆圈表示眼睛外没有其他阴刻线。目前学术界一般认为，良渚文化玉琮上的兽面纹就是商周时期青铜器上饕餮纹的雏形。见图二·二：兽面纹。

图二·二　兽面纹

太阳纹一般出现在玉璧、玉钺、玉镯上，在圆孔的四周刻画出弧形弯曲纹饰。封面的玉璧就是一个弧形弯曲太阳纹玉璧。

6. 良渚文化时期的玉器传承有序。在良渚文化所在的同一地区——环太湖流域，向上可追溯到7000年前的马家浜文化，在这3000多年中，马家浜文化、崧泽文化与良渚文化一脉相承，中间没有间断。玉石器的器型演变有序、工艺制作方法代代相传。向下可数至商周时期，商周时期的六种玉礼器——六瑞“璧、琮、圭、璋、琥、璜”，其中的四种璧、琮、圭、璜都是良渚文化时期的器型，有的直到现代还在使用。

研究我国的玉文化的历史，如果不了解良渚文化时期的玉器，那就会对夏、商、周时期的众多玉器品种的起源和发展感到不可理解。良渚文化时期的玉器在我国的玉文化历史上的作用是同时期诸文化的玉器所不能比的。这是其很重要的一个特点。

当前在研究、鉴赏高古玉器方面（指新石器时期）存在一个误区，就是把玉器的研究和石器的研究割裂开来，或者是重玉器研究而轻石器的研究。其实玉器和石器是同源的。在良渚文化时期，当时的古人类对玉器材质的认识还停留在“石之美者”的阶段，可以说以现在的观点来看，玉与石分得不是很清楚。所以，就使得在制作劳动生产工具的石器当中就有当今意义上的玉器，而在制作装饰品类的玉器当中有当今意义上的石器。这种玉石不分的状况随着劳动生产力和原始社会的不断进步，到了良渚文化后期，在玉料的选用上，尤其是在祭祀用玉的选料上逐渐向现代社会靠拢。

另一个重要原因是研究、鉴赏高古玉器由于没有文字资料的记载，只有通过加工工艺和器型等方面的研究和分析，才能判断真伪。而高古玉器存世量稀少，赝品又多如牛毛，研究样品的稀少必然给判断真伪带来困难。但是，由于同一个时期的石器和玉器在加工工艺和器型方面是一致的。石器的存世量大，赝品又少，通过对石器的研究可以从另一个侧面突破对玉器的研究和鉴别。

第三个原因是，由于一般的良渚玉器的表面都有一层氧化层，而良渚石器的表面也有一层氧化层，有的玉器和石器表面的氧化层是很难分辨的。所以，散落于民间的良渚石器当中混杂有一部分玉器。

正是由于以上的几个原因，笔者把良渚时期的玉器和石器放在一起进行鉴别。毕竟断代是最主要的，而辨别材质是比较容易的。

本书是一本介绍怎样鉴别良渚文化时期玉石器的书。

古玉器的鉴别一般按照以下五个方面来进行：

1. 形（历朝历代的器物形制）。
2. 文（纹饰文字）。
3. 工（琢玉的方法）。
4. 质（玉料所用的材质）。
5. 沁（沁色和沁相）。

在这五个方面当中，我把鉴别良渚时期玉石器的方法按重要性划分为：

1. 工。
2. 表（表面现象）。
3. 沁。
4. 质。
5. 形（器型）。

由于良渚时期没有文字，有纹饰的器物很少，而讨论纹饰的文章又非常多，故我把“文（纹饰文字）”这一方面省略去。

在这五个方面，工（琢玉的方法）是最重要的，用管钻法打孔及管钻孔中留下的螺旋纹是良渚时期加工玉石器独特的工艺，虽然早在马家浜文化时期已采用管钻法打孔，至良渚文化时期已经历了两千多年的历史，但大量普遍使用还是在良渚文化时期，而且两者在器型、加工的精度上还有一定的区别。

管钻法在良渚时期是一种十分成熟的工艺，它所使用的深度和广度无论从孔径的大小，还是从使用的范围以及成品的精美程度是任何一种同时期新石器文化所不能比的。在新石器时期，由于受到各种因素的影响，一种技术的传播是十分缓慢的。即使“管钻法”及其形成的螺旋纹，其他文化时期的玉石器亦有，但与良渚文化相比也是不能比的。就个案来说，毕竟是用同一种方法钻出来的孔，就单个孔来说差别还是不大的。但不同文化时期的玉石器所具有的形制是不同的，它们无不带上本地区和本民族所具有的特点，因而它们之间还是比较容易区别的。如果对这一点还是分辨不清的话，那么在所使用的材质、沁色、流通地点上还是可以看出一点区别的。

在沁（沁色和沁相）方面，鸡骨白是良渚玉器又一个重要的特征，在本书中有大量详尽、独到的分析。

本书在剩下的篇幅中将着重介绍斧、钺、刀、圭、璜、璧的起源、演变及器型，使广大读者对良渚时期主要的玉石器品种有一个比较全面的了解。

第三章

管钻法和螺旋纹

第一节　管钻法打孔与中国早期的手工机械

——兼谈马家浜文化时期的中国早期的手工机械

古代文明经历了石器时代、青铜器时代、铁器时代的发展过程，而石器时代又分为旧石器时代及新石器时代。在旧石器时代的石器中少见有孔的，因为孔的主要作用是穿系绳索，而旧石器时代的石器主要是手握石器，是砍、砸、刮、削用的，一般不用穿孔，只有一些装饰用的石器除外。到了新石器时代初期，由于劳动生产的需要，需要在一些石器上打孔，打孔的技术才逐渐发展起来。在当时基于生产条件和生产工具的落后，打孔的形式和方法也多种多样，而且在不同的古人类居住的区域，打孔的方法也是不一样的。当时在环太湖流域流行着一种在石器上钻孔的方法，这种方法的诞生具有划时代的意义，它是我们中华民族早期的机械加工的萌芽，它的诞生促进了今后一系列机械加工方法的发展，使得我们中华民族在古代科学技术发展史上始终站在世界的前列。它就是本书主要讨论的在石制的劳动生产工具和生活用具上打孔的方法——管钻法。

一、管钻法

管钻法在马家浜文化、崧泽文化直至良渚文化期间，曾被广泛应用在有孔石器的打孔上，如斧、钺、刀、圭、琮、璧等。管钻法作为一种新石器时期的打孔方法，已为当时遗留下来的为数不少的石制半成品所证实，这一点在考古界已有定论。图三·一所示的是一件管钻孔的半成品，这是一把良渚时期常见的小形对称型石刀，在钻

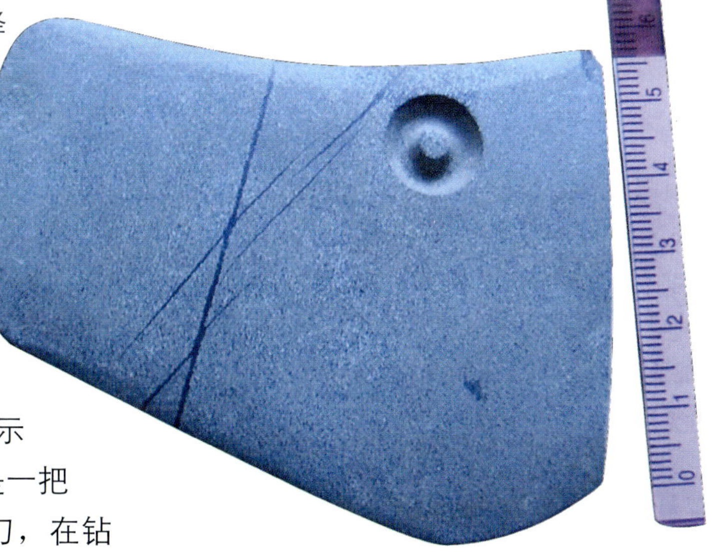

图三·一　管钻孔的半成品

孔的过程中因断裂而中途放弃。

在这把小形对称形石刀的上部中间，有一个尚未钻成的半成品孔。孔的中间有一个圆形凸起，它充分地表明了当时的钻孔方法是用一种管状的钻孔工具来进行加工的。

由于管钻法是一种在4000～6000年前使用的方法，具体的制作工具实物已不复存在，现在只能推测当时的具体做法。现今比较流行的看法之一如下所述："管钻所钻的孔径较大，可达2～5厘米，在当时可用于钻孔的管子有竹、木、骨管。当时管钻的方法是把已截好的玉料固定，定好圆心后，将开了槽的管钻安放在圆心上，管钻的上端可能用木板或石块加一定的压力。一人稳定管钻，并不断向槽内加水添沙，也可借此人力，向下施加压力。另外一人或两人用皮条（或绳索）在钻柄上缠绕数道，握住皮条两端来回拉，使管钻转动，以带动沙粒磨擦而钻成圆孔。"（《冰清玉洁——中国古代玉文化》，王仁湘主编，古方著，四川人民出版社2004年1月第1版）事实上，用上面所说的方法是很难钻出现在我们所看到的新石器时期的管钻孔的。试想一下：定好圆心后，将开了槽的管钻安放在圆心上，在管钻的上端加一定的压力稳定管钻，另外一人或两人用皮条（或绳索）在钻柄上缠绕数道，握住皮条两端来回拉，使管钻转动。在当时没有轴承的条件下，既想将管钻固定在圆心不动，又要使管钻转动，实际上是办不到的。按紧了管钻就不转动，按松了的结果是管钻在石面上不断地旋转打滑，很难在原来定好的圆心上打出孔来，即使打出孔来，孔的边沿也不是很圆，这和我们在实际上所看到的管钻孔的很圆的边沿是有很大区别的。因为上面所介绍的方法缺少一个定位系统。

我通过对大量的管钻孔的研究，发现有一部分的管钻孔壁上仍保留有古时候打孔时遗留下来的明显清晰的擦痕。这些擦痕大多具有同向、近乎平行弧线的特点。用管钻法加工石器时，当孔打成后一般是不加修整的

图三·二　具有平行弧线擦痕的管钻孔

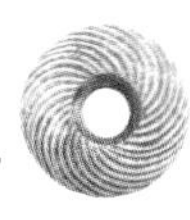

（部分玉器除外）。它给我们提供了解开管钻法钻孔之谜的钥匙。如图三·二所示。

这种管钻孔壁上的擦痕被古玩界的人称为螺旋纹，它有以下一些特点：

1. 螺旋纹一般不连续，很少有一圈以上，长的有半圈左右，短的只有一小段。
2. 螺旋纹一般都比较粗，跟用金属器具划出来的很容易区分，螺旋纹的粗细与被钻物品的硬度有关，硬度越高螺旋纹越细。
3. 螺旋纹大多具有同向、近乎平行弧线的特点，有的在一头和另一条相连。

很明显，这种具有同向、近乎平行弧线特点的擦痕，只有在朝着一个方向，以较高的速度快速旋转时才能产生。如果是“握住皮条两端来回拉，使管钻转动”，这样虽然利用石英沙可以把孔磨出来，但来回地磨是不可能产生具有同向、近乎平行弧线特点的擦痕的，擦痕应该是犬牙交错的。另外，这种具有同向、近乎平行弧线特点的擦痕是石制的石器的共同特点（除非它是泥土烧制而成的）。

图三·二所示的石斧具有一双面对钻的管钻孔，在孔的底部可以看到几条明显的平行弧线擦痕。图中的螺旋纹显得很粗,这是为了看得清而故意选用的,常见的螺旋纹是比较细的。

在当时没有金属工具的条件下，管形的材料可能有两种：一种是竹子，另一种是骨头。依我所见这种管形的材料是竹子。

1. 因为在出土的实物中孔径的变化是很大的，很难见到两个孔的大小是一样的，除非是在同一件石器中。我所见过的管钻孔的直径约为0.6～8厘米。因此，需要很多种不同口径的管材，这一点骨头很难做到，而在江南地区大大小小的竹子则随处可见。
2. 管钻法钻出来的孔非常圆，所以要求所用的管形的材料必须是很圆的，竹子与骨头相比在这一方面更胜一筹。
3. 管钻法是一种“单方向高速旋转的钻法”，至少在这种方法发明不久就已改进至此。它需要一个定位系统，也就是说在钻孔的时候，管钻的位置必须固定不能移动。因此，需要在管钻中插入一根圆杆来固定位置，所以，它的内壁也必须非常圆。

根据以上几点，所以说“管钻法”是用竹子来进行加工的。

“管钻法”是一种利用石英沙、水、简单机械在石头上加工孔的一种方法。它的基本原理是利用竹管的旋转，带动湿的石英沙在要钻孔的地方转动，利用石英沙磨出一个环形的凹槽，当石器较厚的时候，就在石器相对的另一面用同样的方法加工，当石器较薄或石器较软的时候，就在石器的一面加工，直至将孔磨穿。一般为了对称和美观，“管钻法”大多是两面对钻。

这个方法现在看起来很简单，但在五六千年前却是一个了不起的发明创造。它是我们中华民族的祖先，在长期的生产劳动过程中，逐渐积累了大量的生产、生活中的经验，才逐步改进而形成的。

设想一下“管钻法”发明的过程。当时的古人类可能从“钻木取火”的过程中受到启发。钻木取火时，由于木棍在木头上快速地旋转，会在木头上留下一个圆孔。但用木棍在石头上快速地旋转却无济于事。怎样才能找到一个以柔克刚的办法呢？由于当时是处于新石器时代，是一个以磨制石器为主的时代。磨制石器必然要用到磨石，从出土的大量磨石来看，基本上都是细石英沙岩。用细石英沙岩可以磨去坚硬的岩石，古人类可能就是从这里得到启发并找到了以柔克刚的办法。在“管钻法”发明之前，人类已懂得用木棍带动石英沙来完成钻孔的办法，进而才发展到用竹管钻孔的办法。

“管钻法”发明的过程可能经历过三个阶段：

第一阶段：直接用手快速地搓动竹管，带动管下的石英沙。这是最原始的，也是最基本的阶段。在这一阶段，有两个重要的改进。其一是在竹管下加了水，水的作用有两个，一是把沙子粘牢在要钻孔的地方，二是可以降温，防止钻头部分过热而着火。其二是在竹管的中间插一根棍子，起到定位的作用。防止竹管偏离要钻孔的位置。这种方法需要两个人来完成，一个人搓动竹管，一个人定位。

第二阶段：是改进直接用手快速地搓动竹管来进行打孔的阶段。在这一阶段可能使用了一种类似当今的木工手钻或直接用手拉动皮条来牵引竹管转动的方法。这一个阶段的特点是：

1. 竹管来回作相反方向的转动。
2. 脱离了用手直接转动，进入了用皮条牵引竹管作运动的阶段。
3. 转速大为提高，提高了劳动效率，并且具有了机械加工的萌芽。后一种方法需要三个人来完成，一个人定位，两个人相对地拉动两根皮条。前两个阶段加工出来的孔壁上的擦痕必定是来回相互交错的。要想获得同一方向的擦痕，就必须使竹管沿着同一方向转动。

第三阶段：皮带传动阶段。在解释这一阶段之前，先来看上面的图三·二，图三·二是一石钺孔的放大图，该孔外径2.6厘米，内径2.2厘米，孔处厚度为1.8厘米。很明显这个孔是由两面管钻对钻而成的。在上半个孔的底部，可以看到有几道几乎是平行的擦痕，显然这是向同一方向高速旋转由磨擦而形成的弧线擦痕，像这种平行的弧线擦痕在很多管钻孔里都可以找到。这说明当时已经掌握了使竹管沿着同一方向高速旋转的方法。事实上，只有通过皮带传动，改变主动轮与被动轮的不同半径才能使竹管沿着同一方向高速旋转。我设想了一种原始的、简单的加工示意图，如图三·三所示。

这是一个具有皮带传动的给石器打孔的简单机械加工工具的示意图，用计算机画成只是太具现代气息。

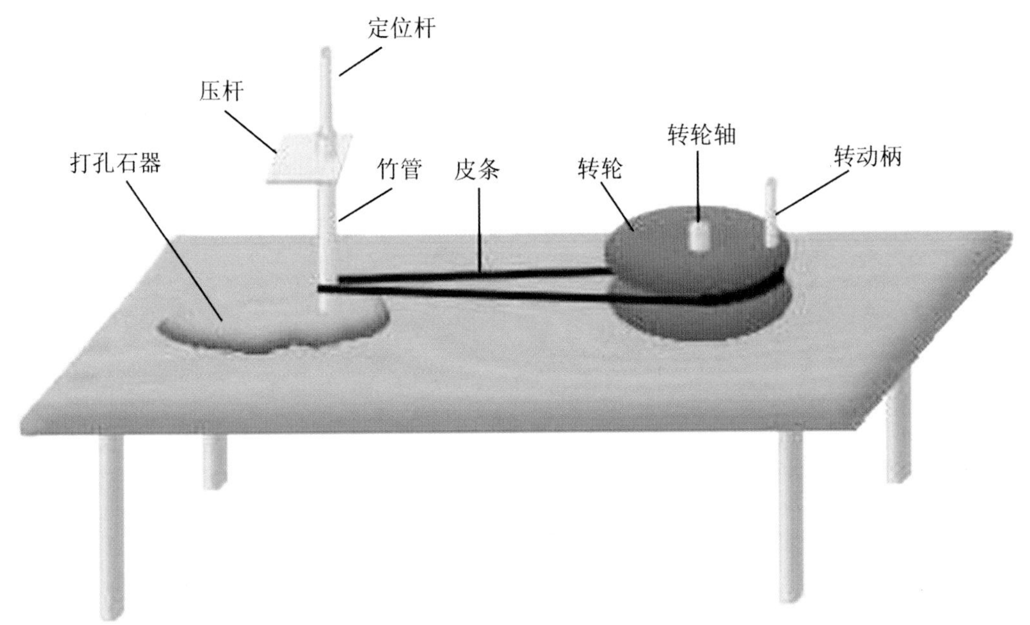

图三·三　具有皮带传动的给石器打孔的简单机械加工工具的示意图

这套装置由三部分组成：

1. 转动部分：由转轮、转轮轴、转动柄三部分组成。
2. 传动部分：由皮条组成。
3. 打孔部分：由定位杆、压杆、竹管、被打孔的石器四部分组成。

被打孔的石器用绳子固定在桌子上，图中未画。这仅仅是一个示意图，表明仅靠当时所具有的条件，就能做到对石器的管钻打孔。实际的装置肯定与此大不一样，但这三个部分必不可少。这套装置需两人来完成，一个人转动转轮，一个人一手握住定位杆，一手用压杆往下轻轻地压住竹管，就能完成管钻孔的打孔。很明显，这套装置即使从现在的角度来看，也是一套完整的手工机械装置。

到此为止，我从管钻孔壁上遗留下来的具有同向、近乎平行弧线特点的擦痕，推断出用于管钻打孔用的简单的手工机械装置的存在。下面我继续来说明它是我国最早的手工机械之一。

二、我国早期的手工机械装置

我国最早的手工机械装置究竟诞生在什么时候，现在已很难考证。但可以说用于管钻法打孔用的简单的手工机械装置是我国最早的手工机械之一。它比同时代的其他的简单机械要完善得多、先进得多。

（一）管钻孔诞生的年代：

先看下图三·四：

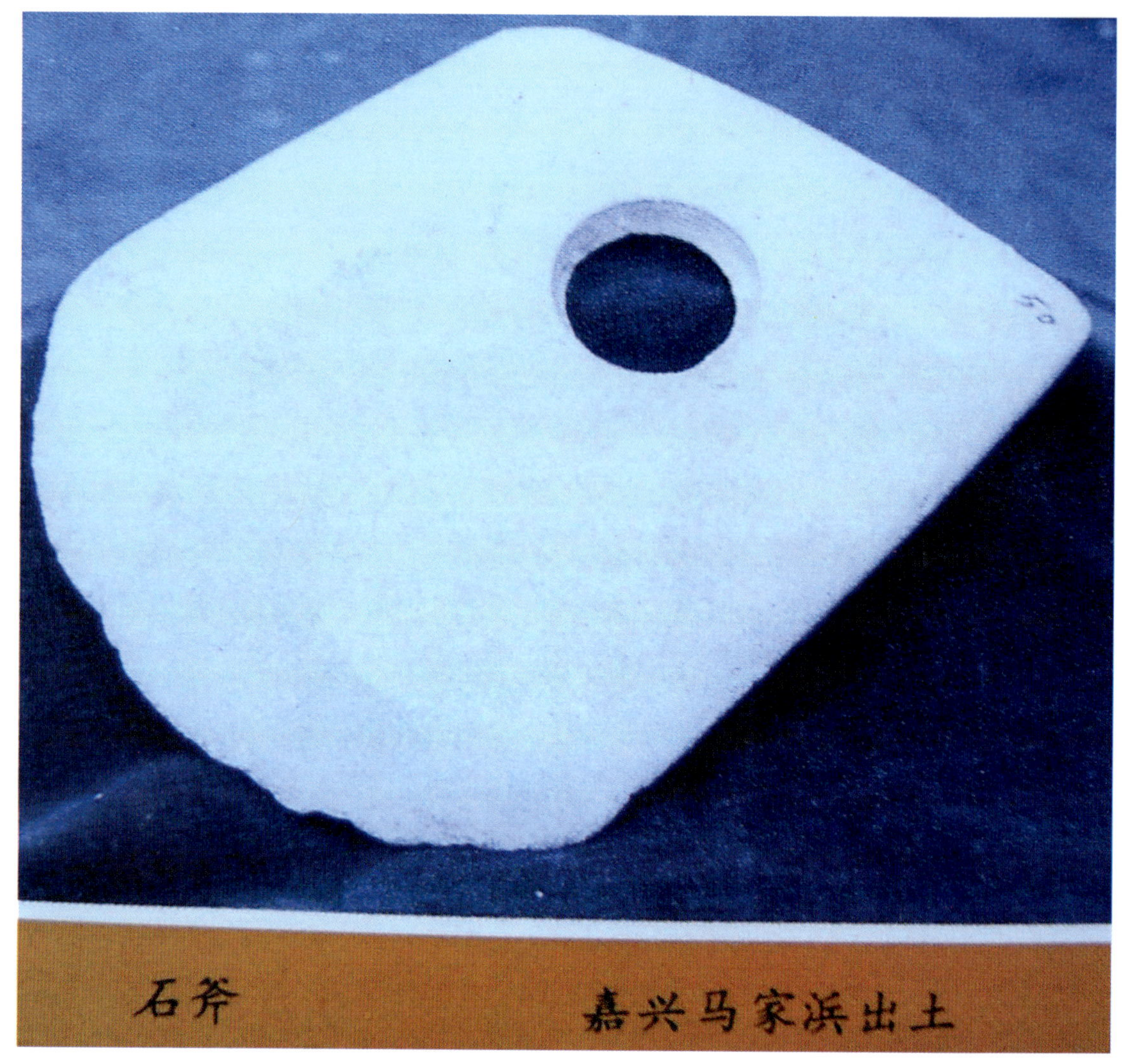

图三·四　马家浜出土的石斧——刊登于纪念马家浜遗址发掘四十周年座谈会会刊

图三·四所示的是马家浜出土的石斧。从图中可以看出这是由管钻法钻成的。“有孔石器的记载，从现有的资料来看以马家浜文化为最早。”“马家浜文化的石器器型大多制作得已基本定型且大多磨制平整，已较普遍使用管钻法的钻孔技术，对玉器如玉玦、玉璜的加工技术也如此，已较多使用了石刀。而这方面正是河姆渡遗址大为逊色之处。当然，河姆渡遗址中的大批骨器，无论是品类之多，还是制作技术之精均是大大超越了马家浜文化的诸遗址的”。（《回忆、认识和建议——在纪念马家浜遗址发掘四十周年座谈会上的即席发言》，浙江省文物局姚仲源）

这是1999年的资料。可以看出早在马家浜文化时期“已较普遍使用管钻法的钻孔技术”，而马家浜文化时期距今已有6000～7000年。也就是说，早在距今6000～7000年前我国就已诞生了用于管钻打孔用的简单的手工机械装置。而图三·四所示的马家浜

出土的石斧上孔径非常圆，已不是早期的产品。故早在马家浜文化时期,古人类就已经掌握了简单的机械加工方法。

（二）同时期的其他种类机械加工方法

同时期的另一种机械加工方法是轮法制陶。“轮制成型，是在盘筑法的基础上产生的一种制陶技术，它借助于称为‘陶车’的简单机械对陶坯进行修整。陶车亦称为陶钧，它是一个圆形的工作台，台面下的中心处有圆窝置于轴上，可围绕车轴作平面圆周运动。将陶坯置于工作台面的中心，推动台面旋转，便可用手或借助工具对器形进行整修。——轮制陶器是制陶术的一个飞跃，因为它所使用的简单机械陶车可以看成现代机器车床的发端。”冯先铭：（《中国陶器》。2001年12月，上海古籍出版社）

轮法制陶这种方法出现在马家浜文化时期的晚期。马家浜文化的轮法制陶比我国新石器时代其他地区的轮法制陶从时间上来看要更早。可以看出轮法制陶这种方法比我前面推测的管钻法的机械加工方法要落后得多（故不展开讨论）。管钻法这种机械加工方法已经具备了主动轮、从动轮、皮带传动这一完整的机械传动结构。从现代的角度来看，这也是一套完整的机械加工装置，所以说管钻法所采用的机械加工装置是我国最早的手工机械之一。

这种方法的诞生具有划时代的意义，它是我们中华民族最早的机械加工的萌芽，它的诞生促进了今后一系列机械加工方法的发展，使得我们中华民族在古代科学技术发展史上始终站在世界的前列，是马家浜人对人类科学技术发展史的重大贡献。

第二节 管钻孔的特点和孔的形状的基本种类

要想搞清楚管钻孔的特点，首先要弄明白管钻法打孔的方法与现代钻孔的方法两者之间的不同之处。这两种方法最大的区别是：管钻法钻成的孔是用竹管带动石英沙磨出来的，而现在在石器上钻孔是用硬合金刚钻头钻出来的。

以上的不同，使管钻法钻成的孔与现在钻孔的方法钻成的孔在形状上有很大的不同。使用现代钻孔方法钻成的孔是直上直下的孔内壁像一个圆柱形。而管钻法钻成的孔像一个圆头的圆锥形，外面的孔径大,里面的孔径小，而且孔壁像英文字母里大写的U字，且开口略微向外倾斜。孔径越来越小是用于钻孔的竹管壁在钻孔的过程中被沙子不断地磨损的缘故。

虽然当今的仿制者千方百计地想用现代的方法加工出逼真的效果，但由于加工方法不同，或受加工成本限制，始终加工不出跟4000年前一样的孔的形状。所以，只要认真地掌握管钻孔的形状的基本特点，就能基本上区别真假。

由管钻法钻成的孔,因为钻孔的方法、孔的大小、孔的厚度,所钻材料以及石器的硬度等诸多条件的不同，所钻出来的孔的形状也有所不同。我根据所见过的大量的有孔石器，把由管钻法钻成的孔的形状归纳为以下几种：

1. 标准型；
2. 弧线型；
3. 台阶型；
4. 内凹型。

现列于图三·五：

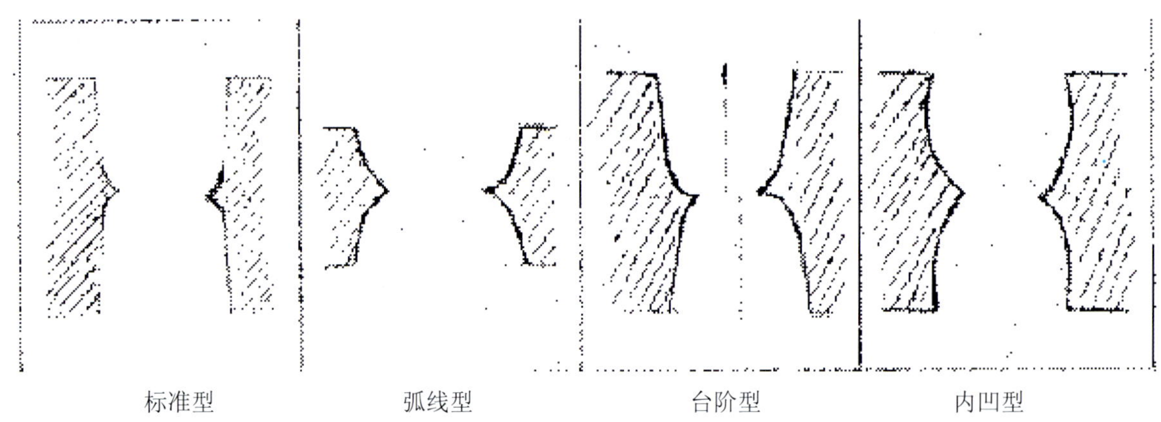

图三·五　管钻孔形状的四种基本种类

1. **标准型**

标准型是最常见到的类型。它的剖面如图三·五所示，像两个英文字母里大写的U字(且开口略微向外倾斜)，底部相连而成。下图三·六是一实例。

图三·六是一石斧孔的放大图：长11.6厘米、刃宽7.7厘米、孔厚3厘米。外孔直径2.2厘米、内孔直径

图三·六　孔为标准型的石斧的孔的放大图

1.4厘米。材质为霞石黑花岗石,其中不含石英，硬度为5。

2．弧线型

图三·七（一）所示的石钺刃宽18.9厘米、腰宽16.8厘米、高18.6厘米、厚0.9厘米。材质为青灰色的泥岩，硬度很低，用指甲即可划动，表面十分光滑。这块石钺有一个特点:上部正中有一个大孔，外圆直径6.6厘米，内圆直径5.8厘米，这个孔几乎占了整个表面积的八分之一。我见过很多个石钺,这个孔相对于这么小的石钺是非常大的。它的孔为弧线型。

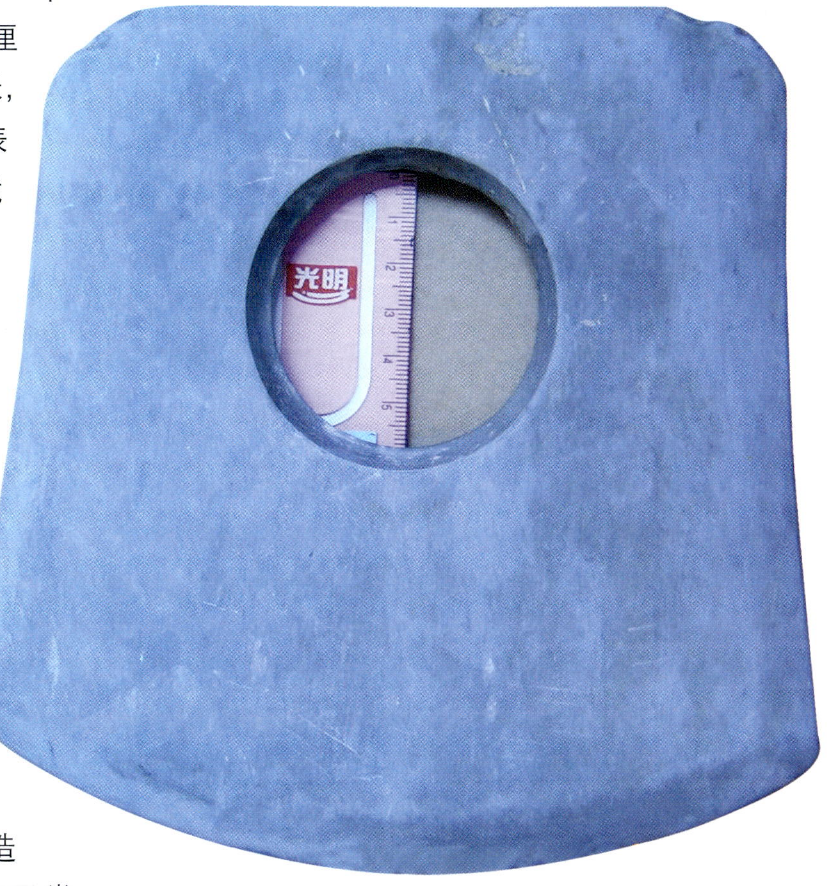

图三·七(一)孔为弧线型的石钺

其实，弧线型与标准型的区别在于标准型的孔壁的上部有一段略微向外倾斜的直边,而弧线型没有这一段。弧线的特点是：它不是一个完整的圆的一小段弧(这在造假的孔中可以见到)而是类似对数曲线的一小段弧,上面比较陡而下面比较缓。如图三·七（二）所示。一般说来,弧线型的孔常见于直径比较大的孔。这可能是由于一种特殊的工艺加工而成的。

3．台阶型

图三·八所示为一白色大理岩玉钺。孔为台阶型。该石钺长15.5厘米，刃宽9.9厘米，孔厚2厘米，外圆直径2.6厘米，内圆径2.1×1.9厘米。材质为上等的、纯白色大理岩。从图三·八孔为台阶型的玉钺的孔的放大图中可以看到在孔的中间交接处，圆弧的一边有一台阶,台阶的边上有一小块弧形的凸起，这是用管钻钻孔时留下的中间的岩心的残余，而用现代的普通钻头钻孔是办不到的。台阶型孔形成的原因是：两面对钻时孔的中心位置没有对齐。

图三·七（二）孔为弧线型的石斧的孔的放大图

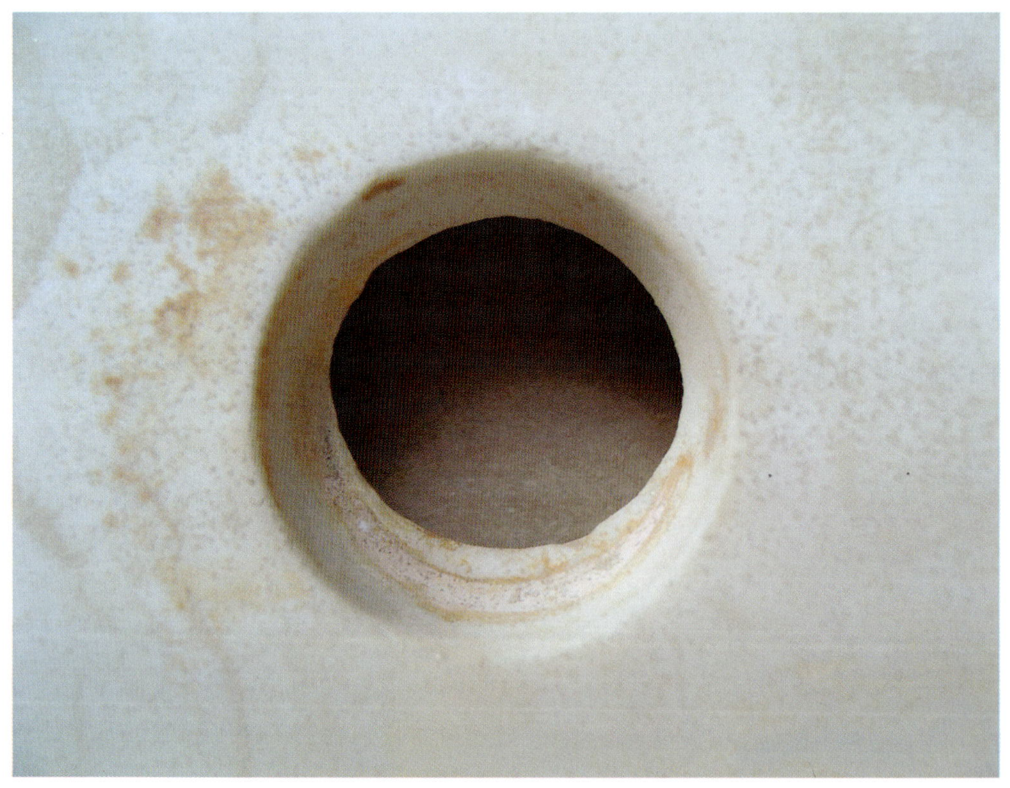

图三·八　孔为台阶型的白色大理岩玉斧

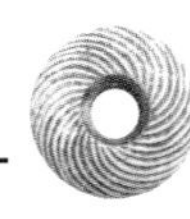

关于双弧形结构：

在台阶型中，有的由于两面对钻的孔距相差太大，露出了管钻孔中间的管芯的部分，管芯和管壁的底部连接处有1～2mm左右的平坦的圆槽，这个平坦的圆槽具有独特的“双弧形结构”，这种“双弧形结构”是用手工刻不出来的。所谓的双弧形结构是指管钻孔底部平坦的圆槽是由两个弧形结构组成的。从图三·一的管钻孔的半成品图可看出，管钻孔的底部构成了一个完整的圆环，这是第一个弧形结构。第二个弧形结构要从纵向的剖面来看，它构成了一个英文U字形的底部。这两个弧形结构在弧形的顶点互相垂直。双弧形结构在台阶型中经常可以看到。双弧形结构在鉴别台阶型孔中具有重要的作用，要认真、细心地领会。这里举的例子是中心偏离较大时的例子。一般在中心偏离不大时，孔的中间交接处没有中间一小块弧形的凸起,但孔的底部一边比较陡而另一边比较平坦，同样具有双弧形结构的残余。

4．内凹型

内凹型孔的内壁中部是向内凹进去的，这是由于孔壁在钻孔的过程中被过度磨损的缘故。这种类型很难被假冒因而很容易被识别。图例请看第八章：图八·十三钺圭的管钻孔的放大图。

前面已经介绍了四种常见的基本管钻孔的类型。在实际中还会有一些特殊的类型出现。只有认真地掌握这四种基本常见的管钻孔的主要特征，才能很好地识别良渚时期的玉石器。

在以上四种基本常见的管钻孔的类型中，标准型和台阶型最多，弧线型常见于大孔之中，内凹型最少。

第三节　螺旋纹

螺旋纹主要是指古代人类在给石器打孔时，在孔的内壁上留下的一种划痕，人们在石器介绍或石器鉴定时常提到它。认清螺旋纹形成的原因，掌握它的特征，是鉴别有孔石器的重要方法之一。

一、二次形成的擦痕——螺旋纹形成的原因

由磨擦而形成的螺旋纹是螺旋纹的最主要形式，它是由第二次的磨擦而形成的。

前面我已经介绍过“管钻法”是一种利用石英沙、水、简单机械在石头上加工孔的一种方法。它的基本原理是利用竹管的旋转，带动湿的石英沙在欲钻孔的地方转动,利用石英沙磨出一个环形的凹槽，当石器较厚的时候,就在石器相对的另一面用同

样的方法加工，当石器较薄或石器较软的时候，就在石器的一面加工直至将孔磨穿，一般为了对称和美观，“管钻法”大多是两面对钻。

由于管钻法所钻的孔是利用石英沙磨出来的，而石英沙很硬，且很脆，所以在与石器的磨擦以及相互磨擦的过程中逐渐被碾磨得很细直至粉末状。其实石英沙由粗到细的过程，也是管钻孔的环形凹槽逐渐加深的过程。当石英沙被碾磨成粉末状时，其钻孔的速度就会变慢，这时就需要更换新的石英沙。如果这时取下未打穿的半成品来看，环形凹槽的底部及其附近是被磨得非常光滑的，而且很平坦，这是由于石英沙已被碾磨成粉末状，而且也看不到明显的擦痕——螺旋纹。在添加新的石英沙后，有个别粗的石英沙会挤在孔壁和竹管之间，当竹管转动时就在孔壁上留下了划痕，这种划痕成弧形状，当几条弧线在一起时就构成了螺旋纹。这种螺旋纹是在已钻好的孔壁划出的，所以我把它叫做二次形成的擦痕。古人打好孔后一般是不打磨的,所以这种螺旋状划痕在几千后仍清晰可见。

二、螺旋纹的特点

1. 不是每一个石器的孔壁上都有螺旋纹的痕迹。只有少数的螺旋纹的痕迹清晰可见，大部分螺旋纹的痕迹随着岁月的流逝都已模糊不清。
2. 一般石器上螺旋纹的痕迹很少有连续不断超过一圈的，大部分都是一小段圆弧(在泥岩和陶制的器物上除外)。
3. 螺旋纹的痕迹一般比较粗，而用金刚钻头钻出来的孔壁上螺旋纹的痕迹一般比较细。
4. 在孔壁的垂直分布上：

（1）上部稀少,而下部尤其是靠近底部的弧线部分较多且清晰。

（2）有时上部会出现一些方向呈无序的擦痕,这可能是开始钻孔时用手工搓动定位所致。

第四节　怎样通过管钻孔来判断玉石器的真伪

一、管钻孔在良渚玉石器中的地位

良渚时期处于新石器时期的晚期，在当时的政治、经济、生产和生活当中已大量地使用各种玉石制成的器物。在这些良渚玉石器当中，有劳动生产工具如斧、钺、刀等，有生活饰品玦、环、镯等，有祭祀用品圭、璧、琮等。这些大型的器物的孔基本上都是用管钻法打成的，只有小件的锥形器、管、三叉形器、冠形器等的小孔是用其

他方法钻成的。管钻法自马家浜时期发明以来直到良渚时期已历经三四千年，是一种十分成熟的工艺，它广泛地运用在大型器物的钻孔上，尤其是对孔的质量要求较高的玉器上。由于这些大型的器物代表了良渚时期的主要品种，通过对管钻孔的研究，就能正确地鉴别良渚时期大部分主要的玉石器。

二、关于石器上的管钻孔和玉器上的管钻孔的区别

由于在良渚时期古人类当时并没有我们现在有关玉和石的概念，他们不可能按照我们现在对玉和石的分类来进行石器和玉器的加工。但是他们在制作生活饰品玦、环、镯等以及在祭祀（对神或某种物的崇拜）或某些节日时所使用的一些美的石头符合我们现代对玉石的分类，比如琮、璧等。 我要说的意思是：管钻孔在玉器和石器的加工上是没有区别的，大部分的玉器仍保留着加工时的原始状态，只有少数的祭祀品种比如琮、璧等，以及装饰品种像手镯这一类物品才对管钻孔的孔壁进行精加工。也只有在这些精加工过的玉器上，管钻孔的痕迹不十分明显，需要我们进行认真的观察。

三、怎样通过管钻孔来判断玉石器的真伪

在上面我们讨论了有关管钻孔和螺旋纹的特征，并指出了它们在鉴别良渚时期的玉石器过程中的重要作用。**在鉴别良渚时期的玉石器的过程中要切记这样一句话：只要孔不对，其他一切都免谈**。在对有着大孔的器物的鉴定过程中，说白了就是一句话：就是对孔的鉴定。下面我就围绕着管钻孔和螺旋纹来展开讨论。

因为成本高于收益，石器作假的很少，现在市场上玉钺（斧）、玉璧、玉琮造假的很多。通过上面介绍的孔和螺旋纹的特点，就比较容易判断它们的真伪。

当一块石器（包括玉器）上手以后，先看器物表面的氧化层（这不是本章要讨论的内容），再看孔的构造，通过认真观察孔的构造和孔壁上的螺旋纹(如果有的话)，一般就能判断出被鉴定器物的真伪。

第一种类型是仿标准型孔：

1. 在这种类型中最简单的是，孔是直上直下的，上下的口径是一样的，那是用钻头钻出来的，未经过任何的再加工，一眼就能看出是现代制作的仿制品。这种孔的内剖面的一侧是一条直线。可参看图三·十的仿台阶型孔的孔壁。
2. 有的在直孔的两端再用大一号的钻头的头部或其他办法将孔扩大,模仿两面对钻的办法。但对着孔看中间仍可以看出有一段孔壁是直上直下的，上下的口径是一样的。这种情况一般出现在厚度较大、钻距较长的器物中，在小孔

的玉管（包括矾石管）中经常可以看到这种情况。这种孔的内剖面的一侧是一个梯形。

3. 在上一种的基础上，在厚度不大、钻距不长的器物中（如斧、钺、璧），将孔的斜面延伸至中间，此时对着孔看中间看不到有一段孔壁是直上直下的，这种孔的内剖面的一侧是一个三角形。这种形状的孔在仿制品中最多。

第二种类型是仿弧线型孔：

由于上面的三种形状的仿制品与真的管钻孔相差太大很容易被人识破，于是又出现了第二种类型的仿弧线型孔，这种孔是在上面第三种孔壁是斜面的基础上将孔壁加工成弧线，这种孔与管钻孔的第二种类型“弧线型”仿造得非常像，不注意看是很难分辨的。这种高仿的作品,简直可以做到以假乱真的地步。但仍可从三个方面来区别真伪。

1. 假的孔壁的“弧线”像一段圆弧。

我在前面已经说过，真的弧线的特点是：它不是一个完整的圆的一小段弧，而是类似对数曲线的一小段弧，它的起始部分比较陡，而靠近隔门的地方比较缓。

2. 有的假的孔壁的“弧线”中可以看到一圈圈的完整的圆弧线组成的划槽，与我前面讲过的螺旋纹的特点不同。

3. 由于假的孔壁的弧线是用钻头一类的工具划出来的，现加工的石器上会留下一道道白色的痕迹。所以，一定要经过抛光，才能消除白色的痕迹，会显得非常光滑，用手一摸便知真假。图三·九（一）是一石斧高仿品的实例。图三·九（二）是石斧的仿制品的孔的放大图，从图上可以看出该孔是用三个不同直径的钻头在斜面上划槽，以求得到弧面的感觉。这种划槽与我上面讲的螺旋纹有明显的不同，主要是划槽深而明显，并且连成了三个整圆，读者自己可以将该图与图三·二进行比较以求得出区别。

图三·九（一）石斧的仿制品

第三种类型是仿台阶型孔：

仿制品常见的打孔方法有以下几种：

1. 在同一个位置附近打几个深

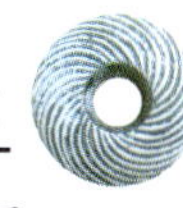

图三·九（二）石斧的仿制品的孔的放大图

浅不一的孔，仿冒第三种类型“台阶型”，由于是用钻头钻成的，每一个局部的钻孔的直上直下的特征是很明显的，很容易辨别。

2. 在打孔时故意将上下两面的孔错开一断距离，并将石器表面的孔沿着隔门的边即孔壁，加工成一条斜线或一条弧线，使得在隔门处有一个台阶，仿冒第三种类型“台阶型”。

第三种类型台阶型孔是一种比较难仿制的孔。因为真的台阶型的底部是用竹子带动石英沙磨出来的，如果露出部分管芯的话，那么在底部应具有一个完整的“双弧形结构”，即使没有露出部分管芯的话，也具有“双弧形结构”的残余，在底部有一个较平坦的弧形凹面。

图三·十是一个玉璧仿制品，仿台阶型孔。这个孔在同一面打了两次，是用一种管状的工具打的孔。从右下角可以看出管壁是直上直下的。由于是仿台阶型孔，所以在孔的底部露出了管芯，底部是一个平底的圆弧形槽，只具有一个弧形结构，很容易与双弧形结构分别开来。有的仿制品为了制造出双弧形结构，在平底的圆弧形槽里用工具刻划出来一个凹槽，由于这个凹槽是用手工刻划出来的，所以底尖且不圆润，仔细观察也

图三·十　仿台阶型孔

不难分辨。

四、螺旋纹及其它

图三·十一　仿品孔内的螺旋纹

图三·十一是上面玉璧仿制品的另一面，可以看出孔内也有清晰可见的螺旋纹。

先来分析上面螺旋纹产生的原因。前面我已分析过管钻孔内的螺旋纹是“由磨擦而形成的螺旋纹，是螺旋纹的最主要形式，它是由第二次的磨擦形成的”。同样，此仿品内的螺旋纹也是二次形成的。

当我们钻一个东西时，如果突然停电，你会发现钻头会被卡住而拔不出来。要想钻头不被卡住，只有当它在旋转时，慢慢地将钻头退出。图三·十一孔内的螺旋纹就是钻头退出时刃尖的划痕。所以它也是二次形成的。仔细观看仿品内的螺旋纹，发现它有以下几个特点：

1. 划痕细而清晰。
2. 划痕连成了好几圈。
3. 螺旋纹下面密上面疏，上面几圈的倾斜度一圈比一圈大，这是因为起钻时下面慢，临近孔沿起钻的速度加快而导致的。

上面分析的是孔壁直上直下的情况下，孔内未经过任何的再加工的现象，这种情况是比较容易分辨的。

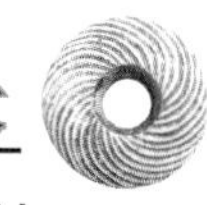

一般情况下，如果孔壁上有螺旋纹的话,那就对照在第三节里介绍的螺旋纹的特点来进行分辨。主要抓住以下几点：

1. 螺旋纹的长度，以及是否构成了一个圆。

2. 螺旋纹痕迹的粗细。

3. 螺旋纹在孔壁上的分布是否均匀。

4. 螺旋纹非常密集的话就要注意真假，一般情况下螺旋纹比较稀疏且不均匀。

5. 陶制品和泥岩的螺旋纹和石器的螺旋纹有一些不同的特点要注意分辨。

注意看孔壁的颜色与石器表面的颜色是否一致，看孔壁是否经过抛光,如果经过抛光那就是现代制作的仿制品。

注意看螺旋纹痕迹的颜色，细而发白的是新痕。

如果是单面钻成的，古人在孔钻好以后一般是不加修饰的(无论是单面钻还是双面钻成的，如果钻透的那一面磨得很光，那就要考虑是否是现代制作的仿制品。

第四章

良渚时期玉石器的表面特征

古玉器的鉴别一般按照以下五个方面来进行

1. 形（历朝历代的器物形制）。
2. 文（纹饰文字）。
3. 工（琢玉的方法）。
4. 质（玉料所用的材质）。
5. 沁（沁色和沁相）。

良渚时期的玉石器，由于在地下埋藏了四五千年，它的表面所反映出来的信息是十分丰富的。对表面现象的分析和研究，是鉴别良渚时期玉石器一个十分重要的手段。沁（沁色和沁相）仅仅是表面现象的一个方面，而且人们往往把它同氧化现象混为一谈，这是不对的。

在这五个方面当中，我把鉴别良渚时期玉石器的方法按重要性依次排列为

1. 工。
2. 表（表面现象）。
3. 沁。
4. 质。
5. 形（器型）。

由于良渚时期没有文字，有纹饰的器物很少，而讨论纹饰的文章又非常多，故我把“文（纹饰文字）”这一方面省略去。

对良渚时期玉石器的表面现象的研究以前很少见之于文章，更不用说是系统的研究了。我根据多年的研究心得将其归纳为以下几个小点来阐述：

1. 表面表现形式的多样性是良渚时期玉石器的主要特征之一。
2. 氧化现象是良渚时期玉石器表面的主要特征。
3. 其他表面现象。
4. 平面技术和玻璃光。

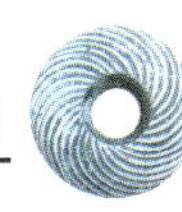

第一节　表面表现形式的多样性 是良渚时期玉石器的主要特征之一

由于良渚文化时期处于新石器时期的晚期，距今已有4400～5300年以上的时间，且处于江南水乡。器物保留到现在它的表面一定会留下各种各样的痕迹。再加上材质的不同、加工工艺的不同、埋藏地点的不同、出土时间长短的不同、制作人的水平不同，器物表面所呈现的现象是各不相同的，可以说没有两件物品是完全相同的。仔细研究器物表面的特征，并和以前见过的加以比较，是鉴别的要点之一。

一、表面表现形式的多样性

为了阐述玉石器表面的多样性这一观点，我选了一组同一质地的样品五块。我选这一组样品的理由是：

1. 样品本身的特征明显，易于与其他的样品区别，更容易说明我要阐述的问题。
2. 样品有几个难解之谜，虽然与要阐述的问题相差太远，但也可供有兴趣的人研究。

下面我逐一介绍这五块样品。

图四·一所示的是一块带白色结晶条纹的黑石斧，这种黑石斧本身的特征明显，易于与其他的石斧区分。它的主要特征是通体墨黑，表面夹有白色结晶状的条纹或斑块。

图四·一　带白色结晶条纹的黑石斧

图四·二是一块带有手指头划痕的黑石斧。在图四·二这块黑石斧的下部，可以看到一条清晰的手指头划过黑

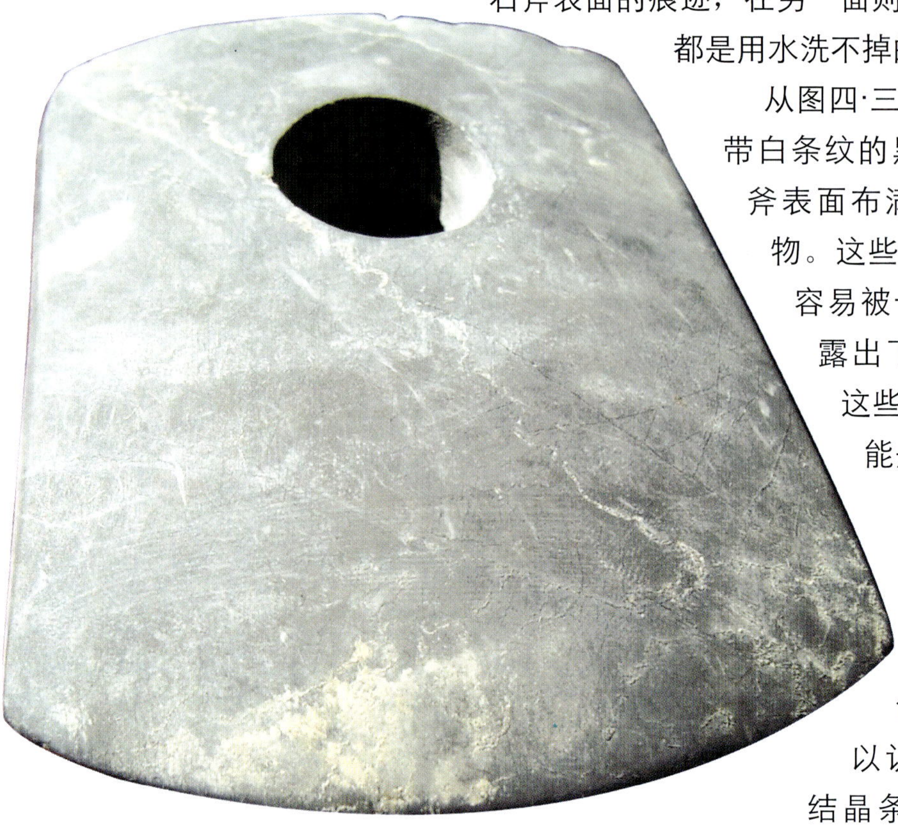

石斧表面的痕迹，在另一面则有两个指纹。这些都是用水洗不掉的。

从图四·三可以看出这是一块带白条纹的黑石斧。这块黑石斧表面布满了灰白色的钙化物。这些灰白色的钙化物很容易被一片片地揭下来而露出下面的黑色表面。这些灰白色的钙化物可能是碳酸钙沉积物。

图四·二　带有手指头划痕的黑石斧

图四·四也是一块黑石斧。经过仔细观察可以发现表面有几条白色的结晶条纹，可以认定它是带白色的结晶条纹的黑石斧。但是，它表面的这一层坚硬的外壳是什么还搞不清楚。这层外壳给人一种从某种液体里捞出来的感觉（孔的外沿给人一种流淌感）。

图四·三　表面布满钙化物的黑石斧

图四·四（一）上了一层黑釉的黑石斧

图四·四（二）上了一层黑釉的黑石斧的孔的放大图

图四·五所示的一块黑石斧包浆极好，光亮得可照出人的影子。

图四·五　包浆好的黑石斧

上面我出示了五块同一质地的带白色结晶条纹的黑石斧。在这五块中，图四·一是常见的墨黑色；图四·二的表面是灰黑色的；图四·三的表面布满钙化物；图四·四的表面像是上了一层黑釉；图四·五是包浆极好的黑石斧。

从这五块黑石斧我可以得出一个结论：尽管它们的质地是一样的，但它们表面的表现形式却是不相同的。所以说，表面表现形式的多样性是良渚时期玉石器的主要特征之一。我这里虽然举的是石器的例子，但是，表面表现形式的多样性对玉器也是一样适用的。

二、黑石斧到底是什么材料制成的？

黑石斧到底是什么材料制成的？这至今仍是一个谜。图四·二的那一块表面带有手指头划痕的黑石斧是我最先收集到的。由于在石器的表面能看到人的手指纹和手指头的划痕，我开始怀疑是后人搞上去的，先是用水擦洗，但没有一点变化。再用10倍的放大镜仔细观察，

图四·六　三角形贝壳状缺损

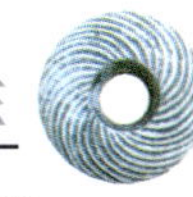

发现是旧的痕迹。因为只有在陶器上才能留下古人的手指痕迹。于是，我就开始怀疑

图四·七　修补痕和孔沿的刮痕

图四·八　孔内非水平性擦痕

黑石斧是否是陶制的。从此，我开始留意收集黑石斧。渐渐地我在这种带白色结晶条纹的黑石斧上发现了更多的疑问。请看图四·一的以下几个局部图。

1. 三角形贝壳状缺损，见图四·六；

2. 修补痕和孔沿的刮痕，见图四·七；

3. 孔内非水平性擦痕，见图四·八。

这三种痕迹都是陶制器物上常见的痕迹。尤其是管钻孔内非水平性擦痕，这在石器和玉器的管钻孔内是根本看不到的。根据以上的特点可以初步判断带白色结晶条纹的黑石斧是一种陶斧。如果带白色结晶条纹的黑石斧是一种陶斧的话，那么带有手指头的划痕和指纹这一现象就很好解释了。而图四·四的黑石斧的表面很可能就是4000多年前的古人类在陶器表面施釉的一种尝试。因为图四·四的黑石斧的表面的东西很像是从某种液体里捞出来，又经过高温加热后收缩的结果。

但是，带白色结晶条纹的黑石斧表面的白色结晶条纹又让人感到这可能是一种石器。如果是陶器的话，怎么可能会有这么直的白色结晶条纹呢？

至今，我尚未对黑石斧到底是什么材料制成的有一个明确的结论。只能留待以后用新的证据来解决。

第二节　氧化现象是良渚时期玉石器表面的主要特征

氧化是自然界中存在的一种普遍现象。

它到处存在于我们的日常生活之中。这里所说的氧化现象不仅仅是指与氧气发生化学反应，而是我们中学里学过的广义的氧化反应现象，从电子得失的观点来认识，物质失去电子的反应叫氧化反应。

在上一节我用一组五块带白色结晶条纹的黑石斧来说明了一个结论：器物表面表现形式的多样性是良渚时期玉石器的主要特征之一。但是并没有具体地分析玉石器的表面，这一节开始我们就来讨论良渚时期玉石器的表面。一般来说，我们所能看到的良渚玉石器的表面，它所表示的并不是玉石器里面的材质，无论从材质到颜色表里都是不一致的，只有极少数化学性能稳定的玉石器才能保持表里基本一致。

图四·九所示的是一把有段石锛，它表面的颜色是灰白色，但仔细看就会发现在锛的刃部有一小块缺损，露出了里面的颜色是黑色的。实际上它里面的岩石是黑色的，硬度大于5，可以划动玻璃，里面常夹杂有小粒的蓝宝石，可以划动水晶。用这种岩石制成的石器经常可以见到，主要是锛和凿，我没有见过用这种黑色岩石制成的斧、钺、刀。

表面的这一层氧化层在当地叫“灰皮”，下面直接引用灰皮这一称呼。一般来说灰

皮的好坏直接与岩石的坚硬程度以及岩石的化学稳定性有关，岩石越坚硬，化学稳定性越好，灰皮就越牢固；石质越疏松，化学稳定性越差，灰皮就越松软越容易脱落。

图四·九　表里不一致的有段石锛

灰皮所具有的几个特点：

1. 多样性。灰皮在颜色、花纹等方面在各个器物上的表现形式是各不相同的。
2. 致密性。一般来说灰皮是一层极薄的、结构极紧密的氧化层。用水洗不掉、也擦不掉的，但用刀可以刮掉。
3. 一致性。器物表面的各个部位的灰皮颜色是一致的。用古玩界的术语说就是灰皮是“跟通”的。

氧化不仅仅表现在石器中，更深刻而广泛地表现在玉器中。由于：

1. 良渚文化的核心区域主要在杭嘉湖平原及其长江以南的环太湖流域。这个区域在近万年以来一直是江南水乡，地下水位一直很高。
2. 良渚文化的核心区域远离我国的主要产玉地区，当时所选用的玉材都是一些“杂玉”，这些“玉”被现在的一些人认为是石头，而非“和田”、岫玉，不是玉。这些杂玉成矿的条件差、化学成分复杂，在空气中和江南水乡的酸性地下水中极易发生氧化反应。这些杂玉一般都半透明或不透明，一旦发生氧化现象就看不清里面玉材的颜色。
3. 良渚文化距今已有4400～5300多年。

所以，良渚时期的玉器在出土时一般都已发生氧化现象，我们所看到的玉器表面已经不是原来的玉质了。只有极少数的玉器还能保持原来的玉质不变。

在良渚文化网上，推出的70个“精品欣赏”的玉器中，没有一个能保持原来的玉质不变的，玉器的表面都有一层氧化层，看不到玉器原来的玉质。

所以说，氧化现象是良渚时期玉石器表面的主要特征。

前面我阐述了“氧化现象是良渚时期玉石器表面的主要特征”，同时也提到了“只有极少数的玉器还能保持原来的玉质不变”。能够在江南水乡的地下，历经四五千年而保持玉质不变实在很难得。据我分析，这主要跟玉器的材质和纯净度有关。下面图四·十所示的是“嘉兴考古新发现成果展”上展示的一块罕见的红色玉钺。这块玉钺除了顶部玉皮部分被氧化外，整体通透呈暗红色，包浆极好，表面呈玻璃光。（这块玉钺并不是没有被氧化，只是氧化层极薄且透明而已）。

图四·十　“嘉兴考古新发现成果展”上展出的罕见的红色玉钺

玉与石器表面现象的区别

玉与石器表面现象的区别源自它们的矿物学的组成。石器最初的用途是劳动生产的工具，大多选用石质坚硬的材料。基本上是由一些火成岩、沉积岩组成的。而玉石为了追求“石之美者”则大多由变质岩组成。由于江南无美玉，我国主要的产玉地都在北方，如和田玉、岫玉、南阳独山玉等。因此，良渚时期的玉材都采用当地一些“杂玉”，故化学成分复杂、质地不纯。玉石器经过了四五千年在高水位的酸性土壤的浸泡下，表面都会形成一层氧化膜，所不同的是石器表面的氧化层一般都比较致密坚硬，牢牢地附在石器的表面，如图四·九所示，这一层氧化层必须用刀才能刻划得动。而玉器表面的氧化层一般都比较松散，如图四·十五所示，一般用指甲就能刻划下来。有人可能会说，我们在博物馆看到的良渚玉器都是包浆、品相很好的。其实，

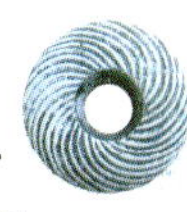

在博物馆看到的良渚玉器都是从千百个里精选出来的，而实际情况却正如我说的那样，包浆、品相很好的良渚玉器只是极少数。

第三节　其他表面现象

在第二节我解释过，氧化现象是良渚时期玉石器表面的主要特征。在实际中我们还能看到其他的表面现象，这些现象虽然不是普遍特征，但仍具有一定的代表性。所以在这一节里继续介绍良渚时期的玉石器其他的表面现象，其实这些现象大都和氧化有关，是氧化现象的具体表现形式。

几种表面现象：

1．网纹（当地人称八脚灰皮）

网纹是良渚时期的石器表面常见的一种现象，形成原因不详。请看下面的几个图：

从下面的三个图中我们可以看到，网纹的颜色有深有浅，不光是石器上有网纹，而且在玉器上也经常可以看到，尤其是在单色的玉器上。由于玉器的表面组成的化学成分复杂，经氧化后不同颜色与网纹混在一起不容易分辨。网纹是鉴定良渚时期玉石器的重要表面现象之一。

图四·十一　带有网纹和石钉的石斧（残件）

图四·十二　带有深色网纹图案的小形对称形璜形石刀

图四·十三　布满网纹的玉壁

2. 草枝纹

草枝纹是由于地下的草茎腐烂时，地层中含氧化铁的水渗入后而形成的。草枝纹深入石玉器氧化层的里面，用刀刮去表面仍可以看到氧化层的里面还有草枝纹。

图四·十四　布满草枝纹的小石凿

草枝纹与网纹的区别

网纹好像是画在玉石器的表面的，用手摸上去没有凹凸不平的感觉。

草枝纹好像附着在玉石器的表面，用手摸上去有明显凹凸不平的感觉。

3. 铁锈斑

图四·十六中深褐色的小斑点就是铁锈斑。

4. 色斑

图四·十七是一块白色大理岩玉斧，表面有大面积的黄色斑块，形成原因不详。

5. 氧化层自然脱落

6. 结晶物

有的玉器在被氧化的过程中，有结晶物自然析出。

7. 石钉

石钉，当地土语，指附在石器上的坚硬的土块，像长在石头上的钉子。

图四·十五　带有草枝纹的有肩鸡骨白玉钺

图四·十六　带有铁锈斑的有段石锛和石凿残件

图四·十七　布满黄色斑块的白色大理岩玉斧

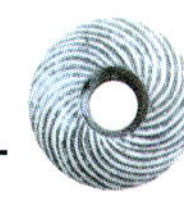

图四·十八　带有色斑的小石钺

图四·十九（一）氧化层自然脱落的小形对称形石刀

图四·十九（二）氧化层自然脱落的小形对称形石刀的放大图

图四·二十（一）有结晶物自然析出的白色大理岩玉斧

图四·二十（二）有结晶物自然析出的白色大理岩玉斧的局部放大图

上面我列举了7种玉石器表面常见的现象，有时单独出现，有时几个同时出现。这几种现象都是玉、石器所共有的，而且大都与氧化现象有关。

图四·二十一　长有石钉的石斧

第四节　平面技术和玻璃光

早在良渚文化时期玉石器表面加工技术已经达到了非常高的水平，他们可以把玉石器加工得非常平和光。这一点在当今的高科技时代是很容易做到的，但在新石器时期要做到这一点是非常困难的。我把这两点称之为“平面技术”和“玻璃光”，下面我逐一进行介绍。

一、平面技术

由于不知道当时具体的加工方法，只能用实例来说明当时能达到的技术水平。请看下图四·二十二的一方石钺：该石钺长26.8厘米、刃宽23.2厘米、顶宽18.7厘米、厚仅0.7厘米，单面钻孔、大孔3.8厘米、小孔3厘米。此石钺非实用器物，无使用痕迹，用途不详。

图四·二十二（一）表面非常平的石钺

为避免说是现代的仿制品，现将图四·二十二（二）单面管钻孔的图附上。如图四·二十二（三）所示，不用支撑物将直尺立在石钺表面，连一根头发丝都穿不过。

图四·二十二（二）单面管钻孔 正面图

图四·二十二（三）平得连一根头发丝都穿不过的石钺

二、玻璃光

玻璃光是指玉石器表面的一种抛光技术。先看图四·二十三，这是两把有着玻璃光的良渚石钺，上面布满着网纹（当地人称八脚灰皮）。

前图四·十是一把有着玻璃光的良渚红色玉钺。

玻璃光最早出现的时间

有人说玻璃光最早出现在战国和汉代的玉器上，事实上玻璃光最早出现在良渚文化时期的玉石器上，比战国和汉代要早两千年的历史。

图四·二十三：两把玻璃光的良渚石钺

另外，我在前面已经谈过，在良渚文化时期的玉石器的表面都会形成一层氧化层，只有极少数的玉质特别好、透明的玉器才能看到里面的玉质，就像图四·十有着玻璃光的良渚红色玉钺一样。其实图四·十的有着玻璃光的良渚红色玉钺不是没有氧化层，而是氧化层特别薄，我们透过氧化层看到了下面的玉质。从图四·二十三的那两把玻璃光石钺来看氧化层是布满整个石钺的，即整个石钺的表面都是布满了八脚灰皮。其实玉石器的表面有无玻璃光跟氧化层是没有关系的、跟沁色也是没有关系的，玻璃光只跟玉石器表面的光洁度有关，关于这一点中学的物理知识里就讲过了。

平面技术和玻璃光代表了良渚时期玉石器表面加工技术的“平”和“光”两个字。在“平”和“光”两个字中，“光”还是比较容易做到的。在当时虽然只有石器，但已有了简单的机械加工工具，如：加工管钻孔的钻具、抛光和打磨用的手动砂轮。但要做到“平”却是比“光”更困难的事。它需要很高的测量技术，比如说：简易的水平仪、更大更平的工作平台。虽然我们现在还不了解这些，但平面技术和玻璃光确实代表了良渚时期玉石器表面加工技术的最高水平。

第五章　良渚玉器的鉴别

第三章介绍了管钻孔和螺旋纹，第四章介绍了玉石器的表面特征，这一章要谈的是良渚玉器的鉴别。在谈之前先了解一些有关玉的基本知识。

第一节　有关玉的简单知识

一、什么是玉

玉在我国是美石的同义语。

玉是一种很难界定的东西。在我国古代对玉的理解和认识与现代对玉的理解和认识是有很大不同的。即使在现代，我国目前的考古界、珠宝界、地质界对玉、玉石的定义和理解也是有很大区别的。

古时候，东汉许慎在《说文解字》中解释说："玉，石之美者，有五德。"综合其他的九德、十一德说，古人认为，玉是珍贵的石头，表面温润，有光泽和半透明的质感，硬度大，较一般的石头重，有一定的韧性，叩之有声，其声清远，价比常物贵（考古界对玉的理解是比较宽松的，他是站在古人的角度，认为"玉，石之美者"也）。

现代对玉又分广义说和狭义说两种。

广义说认为凡是可作工艺美术品的珍贵石料均可称为玉石。

狭义说认为从现代矿物学来看，玉分"软玉"和"硬玉"两种，软玉包括透闪石和阳起石组成的品种，按颜色分为白玉、青玉、青白玉、碧玉、黄玉、墨玉、糖玉等；硬玉专指翡翠。目前国际上统称的玉专指硬玉（翡翠）和软玉两种。其他玉雕石料统称玉石。主要有岫玉、独山玉、绿松石等。

1．硬玉（翡翠）

翡翠是一种以硬玉为主的纤维状、致密块状的钠铝硅酸盐矿物集合体，硬玉是自然界中最常见的造岩矿物之一——辉石族中的一种少见品种，属单斜晶系。晶体形态为短柱状、纤维状微晶集合体。翡翠的颜色千变万化，多为绿、红、紫、蓝、黄、灰、黑、无色等。根据绿色的色调、亮度和饱和度，翡翠可分为祖母绿色、苹果绿色、葱心绿、菠菜绿、油绿、灰绿等六种。玻璃光泽至油脂光泽，半透明至不透明。折光率1.66～1.68，双折射率0.012～0.020，无多色性。硬度6.5～7，密度3.25～3.4g/cm^3。韧性极强。

2．软玉

软玉是一种具有链状结构的含水钙镁硅酸盐。它属造岩矿物角闪石族，以透闪石、阳起石为主，并含有其他微量矿物成分的显微纤维状或致密块状矿物集合体，属单斜晶系。晶体呈纤维状或针柱状。颜色多种多样，呈白、青、黄、绿、黑、红等

色。一般为油脂光泽，有时为蜡状光泽，半透明至不透明。折光率1.606～1.632，双折射率0.021～0.023。无荧光或磷光。硬度6～6.5，密度2.9～3.1g/cm^3。断口参差状。韧性极强，质地细腻、坚韧，抛光后表面十分明亮。因软玉最早产于新疆和田，又称“和田玉”或“新疆玉”。

3．岫玉

岫玉实质上是指蛇纹石矿物含量85％以上，色泽鲜艳、致密光润的微细纤维状蛇纹石矿物集合体。

蛇纹石的矿物成分是层状结构的含水镁硅酸盐矿物，属单斜晶系。晶体形态为隐晶细粒叶片状或纤维状集合体，单晶极为罕见，非均质体。颜色有浅绿、翠绿、黑绿、白、黄、淡黄、灰、粉红等色，因其中含铁、锰、铝、镍、钴、铬等金属元素所致。白色条痕，蜡状光泽，半透明、微透明至不透明。折光率1.555～1.573，双折射率0.004～0.016。硬度2.5～5.5，密度2.44～2.8g/cm^3。解理不发育，断口参差状。韧性不如软玉好。含镍时在长波紫外线照射下有较弱的浅白色荧光，遇盐酸分解。

岫玉的产地相当广泛，全国很多省份都有。

4．独山玉

独山玉因产于中国河南南阳市郊独山而得名，又名“南阳玉”、“独玉”。南阳素有“玉石之乡”的美称。

独山玉是一种黝帘石化斜长岩，由多种矿物组成，属多色玉石。它的矿物成分、化学成分极为独特。主要矿物成分为白色斜长石、白色黝帘石，其次为翠绿色铬云母、浅绿透辉石、白色钠长石，还有少量角闪石、黑云母、绿帘石和一些微量矿物。独山玉多是由2～3种以上颜色组成的多色玉系，常见的颜色有白、绿、紫、黄、红、黑色等。独山玉的颗粒较细，粒径小于0.05mm，隐晶质，质地细腻，坚硬致密，玻璃或油脂光泽，透明至半透明，其中的独玉透明度高，其他玉种呈半透明至微透明。折光率1.56～1.70，硬度6.0～6.5，密度2.73～3.18g/cm^3。独山玉以细粒结晶为主，可见溶蚀交代结构。

第二节　良渚时期所用的玉材

良渚古玉所用的材质有多种，其中有的是透闪石、阳起石系列的软玉，另外还有岫玉，更多的是石英石、萤石、叶腊石、石髓、绿松石、大理岩玉等美石。总之，良渚文化的核心区域远离我国的主要产玉地区，当时所选用的玉材都是一些“杂玉”。这些杂玉成矿的条件差、化学成分复杂，就是透闪石、阳起石系列的软玉或岫玉，也是无法同“和田玉”、“岫岩玉”相比的。下面举例说明常见的各种良渚时期所用的玉材。

1. 透闪石、阳起石系列的软玉

软玉系列的质料，依其纤维结构的差异，呈现出各种不同的形态。

（1）一种是未氧化时为半透明的湖绿色，氧化后为“鸡骨白”的料，这种玉料当时多用于制作琮、钺、三叉形饰、冠状饰等玉器。以上海福泉山9号墓出土的那件玉琮为代表，湖绿色，若迎台灯光或贴外壁打亮手电，光线能完全透过。微沁而未完全失透的有反山12号墓出土的玉钺、瑶山2号墓出土的冠状饰等，台灯光或手电光能部分透过。

图五·一是一把未氧化时为半透明的湖绿色，氧化后为“鸡骨白”的玉钺。从图五·一可以看出该玉钺整体表面为鸡骨白，由于氧化层较厚该玉钺迎台灯光或贴外壁打亮手电，光线是不能透过的，也就是说该玉钺是不透光的。但从右上角的残破处可以看到里面是半透明的湖绿色的玉质。有人可能会问：这也叫鸡骨白？这实际上是鸡骨白的二次沁染，我在后面会讲到。

封面的弧形弯曲太阳纹异形玉璧也是典型的未氧化时为半透明的湖绿色，氧化后为“鸡骨白”的玉料。由于图五·一的玉钺整体表面为鸡骨白，仅从残破处看不太清楚，封面的弧形弯曲太阳纹异形玉璧可以很清楚地看出这一良渚典型玉材的材质。

图五·一　未氧化时为半透明的湖绿色，氧化后为“鸡骨白”的玉钺

（2）另一种是未受沁时为不透明的暗绿色，沁后五色斑驳，肉眼常可见绢云母状交杂的纤维结构，这种玉料在良渚早期就已经被采用，主要用于制作面积较大的玉璧，个别也制作成玉琮。

这种玉料在当今已被大量开采，并被大量用来制作玉璧，由于玉材相同，在鉴别真

伪时可要多加小心了。

（3）比较罕见的是墨玉。按其含石墨成分的多少可分为墨绿色和黑色两种。按其硬度分也可以分为两种：一种是硬度在5.5～6度之间，可以划动玻璃，一种是硬度在5度以下，不能划动玻璃。图五·三所示的玉斧的硬度在5.5～6度之间，可以划动玻璃。硬度低的下面再介绍。

图五·二　未受沁为不透明的暗绿色，沁后五色斑驳的玉斧

图五·三　墨绿色的良渚玉斧

2．岫玉

经有关部门鉴定，发现了岫玉（郑建：《江苏省吴县新石器遗址出土的古玉研究》）。岫玉是一种很常见的玉石，也很好辨认，这里不再举例。

第三节　沁色、沁染、氧化和表面附着物

玉器在地下埋藏几千年后会发生玉质和颜色上的变化，而颜色上的变化就是人们常说的沁色现象。由于沁色现象在鉴定古玉上的重要作用，自古以来就受到鉴赏家、考古学家、收藏者的重视，研究的文章和著作不断，一些问题至今尚无定论。良渚时期由于距今已有四千多年的历史，无论是所处的地理环境还是选用的玉料的质地都有自己的特点。下面我就针对良渚时期的特点谈谈对这一问题的看法。

一、沁色和氧化

1. 前人对玉器沁色的看法

陈性在《玉记》中对古玉的沁色问题进行了大量的论述，这些论述对古玉器研究影响很大。《玉记》中说："凡玉入土年久则地中水银沁入玉理，相邻之松香石灰以及各物有色者皆随之浸沁于中，如下染缸，遇红即沾红色，遇绿即沾绿色，故入土重出之玉无有不沾染颜色者。若无水银沁入，虽邻入颜色亦不能入玉中也。有受黄土沁者其色黄，名曰玵黄；有受锭青沁者其色蓝，名曰玵青；有受石灰沁者其色红，名曰孩儿面；有受水银沁者其色黑，名曰纯漆黑；有受血沁者其色赤，名曰枣皮红；有受铜沁者其色绿，名曰鹦哥绿。此外杂色甚多，有朱砂红、鸡血红、棕毛紫……总名之曰十三彩。"在鉴赏古玉时人们习惯称黄色为土沁，白色为水沁，绿色为铜沁，紫红色为血沁，黑色为水银沁。

2. 怎样看待前人对玉器沁色的看法

我们学习前人的经验既不能全盘接收，又不能一概否定。前人由于受到历史条件及科学发展的限制，对一些问题的看法难免有错。比如说："黑色为水银沁"。

现代科学指出，汞是一种化学元素，俗称水银，化学符号Hg，原子序数80，是种银白色的液态过渡金属。

汞是地壳中相当稀少的一种元素，极少数的汞在自然中以纯金属的状态存在。汞是一种化学性质极不稳定的元素，在空气中极易与氧和硫发生化学反应，生成氧化汞和硫化汞。

硫化汞，又名朱砂，是一种很高质素的颜料，常用于印泥。朱砂也是一种矿石中的药材，也是道士炼丹的一种常用材料。在性状上，本品为粒状或块状集合体，呈颗粒状或块片状。鲜红色或暗红色，条痕红色至褐红色，具有光泽。体重，质脆，片状者易破碎，粉末状者有闪烁的光泽。无臭，无味。

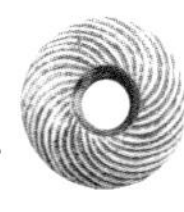

氧化汞也是一种红色或棕红色的物体。

水银是一种比重很大的金属，极易流动，洒到地上就看不见了，因为它极易钻到各种缝隙里去。就是把玉器放在盛满水银的容器里，玉器也只会漂在水银上，水银也不可能沁到玉器里去。就是沁到玉器里去，玉器的沁色也只可能是红色或近似红色，不可能是黑色的。

其实当前在人们谈论沁色时，最大的误区在于沁色现象和氧化现象不分，玉材原有夹杂的杂色和沁色不分。

事实上沁色一般只发生在透明的、玉质很好的、入土时间较长的玉器上。而我们所看到的高古玉的颜色的变化，则大多是一种氧化现象，正确地区别沁色与氧化对于鉴别良渚玉器有着重要的意义。

3．沁色、沁染与氧化的区别

氧化是玉器长期埋入土中，在氧气或其他化学物质的作用下而发生的氧化反应。氧化反应不光是改变玉体表面的颜色，更主要的是改变了玉体近表面处或玉体全部的玉的材质并使质地疏松。它与沁色是两种本质不同的现象。氧化是一种化学现象。

沁色是玉器长期埋入土中，在其他物质的作用下，颜色浸沁到玉器的里面，全部或局部所发生的颜色变化。沁色（包括沁染）只是改变玉体表面或近表面处的颜色，所以，它一般是局部的。沁色（包括沁染）是一种物理现象。

沁色与沁染的区别在于：

沁色是针对透明的玉器来说的，是指颜色浸沁到玉器的里面时所发生的颜色变化。

沁染是针对不透明的玉器来说的，沁染只是改变了不透明玉器的表面颜色。如第四章的图四·十七，布满黄色斑块的白色大理岩玉斧就是沁染的例子。

由于沁色与沁染的本质区别不大，下面为表述方便，一般指的沁色包括了沁染。

二、氧化

氧化是大自然中的一种普遍现象，它到处存在于我们的日常生活之中。这里所说的氧化现象不仅仅是指与氧气发生化学反应，而是我们中学里学过的广义的氧化反应现象。从电子得失的观点来认识，物质失去电子的反应叫氧化反应。

良渚玉器在地下埋藏了四五千年，由于大部分良渚玉器的玉质比较差，所处的环境又是江南水乡，所以良渚玉器出土后大部分呈鸡骨白的颜色（关于鸡骨白后面有专门的一节进行描述），这里不再展开讨论。

有一部分良渚玉器由于玉质比较好，从表面上看不到氧化层，比如下面的图五·八所示的玉镯只是颜色看起来有些发暗，这也是氧化的一种表现。这其实和我们平常所看到的一些新做成的东西比较鲜亮，过一段时间后颜色就会发暗的道理是一样的。

三、沁色的四种形式

良渚时期玉器的沁色与一般常说的玉器沁色已有很大的不同，它有着自己所处的那个时期的特点，有着那个时期的玉种、环境的特点。归纳起来它共有四种形式：

1. 玉器本身被沁色

为了使大家更好地理解什么是沁色，请看下面的例子。

图五·八所示的是一个良渚玉镯的反面，从图中的管钻孔以及台阶型的双弧形结构可以确定它是良渚时期的玉器。从玉镯的反面可以看出玉镯本来的颜色和质地。这是质地较好的一种良渚玉种，有时用来制作玉琮。

从图五·九玉镯的正面可以看出，在绿色中夹杂棕红色和白色两种沁色，而白色其实是局部的鸡骨白。棕红色的颜色一片一片的，边缘过渡得十分自然。这棕红色的颜色就是从外部沁入绿色玉镯的沁色。

当然光从这一个例子很难把沁色的特点说得很清楚、很全面，但可以初步了解什么是沁色。根据我的体会，判断是否是沁色最难的一点是：判断待鉴定的颜色是否是玉器原来的杂色。

图五·八　玉镯的反面

2. 二次沁染——鸡骨白玉器的再次被沁染是良渚玉器具有多种颜色的原因

良渚玉器大部分是鸡骨白，但是还存在多种其他的颜色，如象牙黄、枣皮红等等。这些玉器除了表面的颜色和鸡骨白不一样外，其他的特征都和鸡骨白一样，是什么原因造成了多种颜色的良渚玉器？这一直是一个谜。

根据我的研究，其实这是一个很简单的问题。玉器在没有风化成鸡骨白以前是很难被沁色的，要想形成浑身上下一种颜色是很困难的。当玉器风化成鸡骨白后，其玉质已

图五·九　玉镯的正面

发生化学变化，质地已非常疏松，极易受到其他颜色的再沁染。另一个原因是白色很容易被染成其他颜色。这就好像有颜色的布要先加工成白布，再染色加工成其他的色布。

当鸡骨白玉器的表面再次被另一种颜色所沁染时，它们的局部或大部会呈现出其他颜色，这时的玉器就不叫鸡骨白，而改叫其他颜色的玉器了。我把这种现象叫做二次沁染。这也就是良渚玉器具有很多种颜色的原因。其实它们大都是从鸡骨白演变而来的。

下面请看图五·十，这是一件大部分是枫叶红的良渚玉器，红色在良渚玉器里是十分稀少的颜色。这件玉器的表面大部分是红色，但从管钻孔下边的缺口处可以看到红色的下面仍是白色，管钻孔右上边的缺口处白色的下面是湖绿色，红色仅是表面薄薄的一层。这说明该玉器是先氧化成鸡骨白，经二次沁染后才变成红色的。

3．表面附着物的被沁色是良渚玉器的又一特点

沁色并不一定只发生在玉器里或鸡骨白上，在良渚玉器中沁色有时也会发生在表面附着物上。所谓的表面附着物是附在玉器表面的一层物质，它与鸡骨白不同的是，鸡骨白是玉器表面玉材发生化学反应而白化的结果，鸡骨白与玉材是密不可分的。从

图五·十　表面是枫叶红的鸡骨白玉器

图五·十一可以看出，这是一把墨绿色的墨玉斧，表面完全被附着物所包裹着，但表面附着物很容易被擦掉而露出下面光滑的墨绿色的玉器表面。

前面我们也看到，在石器的表面也有表面附着物，但一般都只有一种颜色，但从图五·十一可以看出，表面附着物已经被沁色成了好几种颜色了。

前面在介绍玉器材质的种类时已经说过，墨玉按其含石墨成分的多少可分为墨绿色和黑色两种。按其硬度也可以分为两种：一种是硬度在5.5～6度之间可以划动玻璃，一种是硬度在5度以下不能划动玻璃。这种墨绿色玉的硬度在5度以下不能划动玻璃。

图五·十一　表面附着物被沁色的墨绿色玉斧

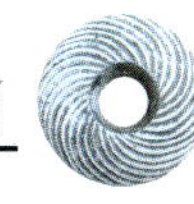

4．沁色和氧化的混合体

有时沁色和氧化同时发生在一块玉器上，分不清哪是沁色，哪是氧化，是沁色在前还是氧化在前，两者混为一体。

图五·十二　小玉璧

图五·十二是一块非常有特色的小玉璧。

首先，它的玉质非常好，属透闪石、阳起石系列的软玉，完全透明。

其次，它的管钻孔特别小，直径仅6毫米，是我见到的最小的管钻孔。

再次，它是研究沁色和氧化的绝好标本。从图五·十三小玉璧的透光图上可以看出它有十分罕见的三种沁色，共处一体，是十分难得

图五·十三　小玉璧的透光图

的“桃园三结义”。

再其次，它的表面曾被严重腐蚀（氧化），而表现得高低不平，但包浆极好又十分光滑。

最后一点是，它本身是管钻孔的管芯，废物利用而被用来加工成小玉璧，被我用来作为玉璧起源的一个佐证（后面有一节专门论述）。

第四节　什么是鸡骨白

一、什么是鸡骨白

“不识鸡骨白，莫玩良渚玉”是流传于行内的一句玩笑话，但也说明了鸡骨白对识别良渚玉器的重要性。良渚地处杭嘉湖平原的江南水乡，良渚文化距今已有4400~5300多年以上。所以，大部分的玉器出土时已呈现鸡骨白的颜色。由于缺少统计资料，事实上也不可能统计出来，这里借助于凌家滩的出土资料，来说明这一点。1987年春季和秋季，安徽省考古研究所对位于裕溪河中段北岸，含山县铜闸镇凌家滩自然村，距今约5300年前的新石器时代人类生活的遗址，先后进行了两次发掘。含山凌家滩遗址三次发掘共出土文物约1200件，其中绝大部分是玉器，占出土文物数量的三分之二以上，在《凌家滩玉器》一书中登载了100多件玉器，其中三分之二以上的玉器呈鸡骨白。凌家滩地处巢湖流域，已不属于良渚文化的范围，与良渚文化的北部边缘接近，但时代和地理环境接近。玉器在地下埋藏四五千年以后大部分的玉器出土时已呈现鸡骨白的颜色。

图五·十四　玉琮

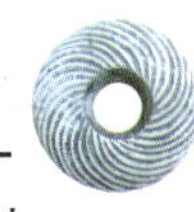

在良渚文化网上，一共推出了70个“精品欣赏”的玉器，其中没有一个能保持原来的玉质不变的，玉器的表面都有一层氧化层，看不到玉器原来的玉质，三分之二以上都已成了鸡骨白。

所以，由于鸡骨白在良渚文化玉器中的重要性，正确地认识鸡骨白，搞清楚它形成的原因、特点、种类，对于识别良渚玉器是非常重要的。下面我们先通过一些真品来看看什么是鸡骨白。

图五·十五　玉钺

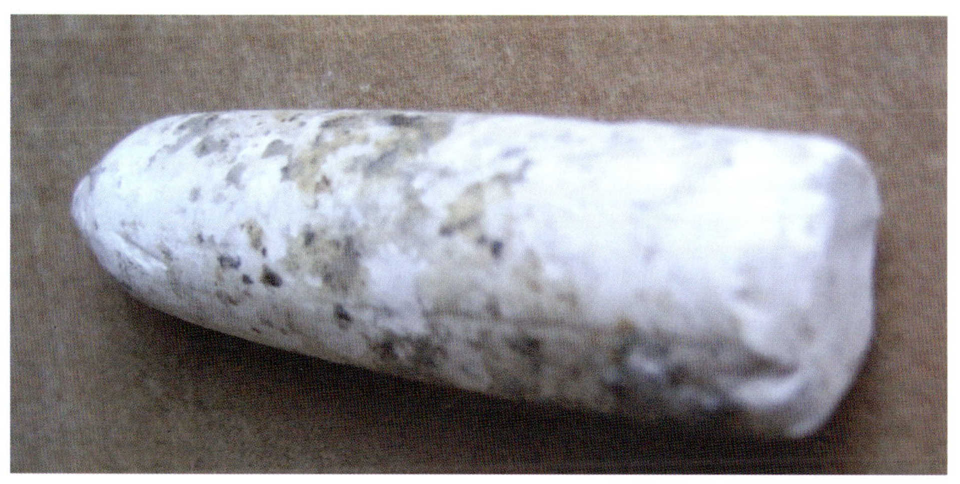

图五·十六　鸡骨白玉锥形器残件

从上面的三个玉器来看，鸡骨白是指玉器的表面呈现类似于煮熟后的鸡骨一样的白色。在实际的收藏中，鸡骨白泛指所有白的颜色。有的鸡骨白从里到外已全部被氧化，如同第三个那样。但要注意，这仅仅是未被其他颜色沁染时的颜色。由于表面呈现鸡骨白颜色的古玉，其表面或全部的玉质已发生化学变化，质地已非常疏松，极易受到其他颜色的沁染。

二、鸡骨白形成的原因

对于良渚时期的玉器出土时呈现鸡骨白的原因，已有很多学者进行了研究，至今尚无统一的定论。台湾学者邱壬洲在《出土古玉的色变现象》一文中总结前人的研究成果指出，“白化的形成与质地的疏密有很大的关联性，也就是白化是结构变松造成的可能性最高”。现将文中有关学者的研究摘录如下：

出土玉器色变的成因是什么？是什么因素让古玉变了颜色呢？这一直是一个神秘的疑问。清人刘大同的《古玉辨》就说：“受沁之原，不易深究。”

出土古玉颜色变白，最常被讨论；清人陈性在《玉纪》中就说：“凡玉入土年久，则地中水银沁入玉里，相邻之松香、石灰以及有色之物，皆随之浸入玉中。”

1983年，郑建认为鸡骨白的成因是火烧造成的(郑建：《江苏吴县新石器时代遗址出土的古玉研究》，考古学集刊3)，他是经过200℃低温及1000℃高温的对比实验，结果发现1000℃时样品由绿色褪色而成白色，而认为有“火烧玉”的可能；1991年闻广也经过实验，认同此看法：“加热至600℃以上，玉块表层变为棕黑色，及至900℃以上褪色发白且半透明度明显降低。”

1991年吴棠海根据南越王墓的出土资料(图30)，及高足玉杯(图31)的色变现象，推论：“白化成因并非外來沁染，而是发自玉质内部的‘质变色’”（闻广，《中国古玉研究的新进展》，《中国宝玉石》，1991年，第4期）。

1992年刘良佑认为白化乃至鸡骨白的现象，是因为碳酸气与玉器中的钙结合形成碳酸钙而析出，发生“脱钙”现象堆积于玉表而发生白化(刘良佑，《古玉新鉴》台北，尚亚美术出版社，1991年第264页)。

1994年闻广透过室温红外吸收光谱，认为受沁过程中并非同时而是先后发生的，而且：“闪石受沁后其矿物未变，并没有钙的增加，古玉受沁后的显著变化是显微结构变松，由此导致了其半透明度的丧失及褪色变白，其原理和同为水的固体状态的冰与雪的差异相似，即冰因是致密的，故具透明度。”并认为流传的古玉“钙化”，与事实不符，此术语不应继续使用(闻广：《古玉的受沁》，《故宫博物院院刊》，1994年，总134期，第92页)。

1997年杨伯达针对良渚玉器鸡骨白的成因，提出：“土壤中氢氟酸含量较高，对良渚文化由表及里的渗蚀就较为严重，均变为鸡骨白”（杨伯达：《传世古玉辨伪综论》，故宫博物院院刊，1997年第4期）。

但是，1998年钱宪和认为火烧白与风化造成的鸡骨白是不同的，火烧白表面无光，而天然风化的表面有玻璃光，自然风化是因为晶间空隙的发生，不仅硬度变得较低且当光线进入时产生折射、乱射形成白化的现象，并认为在湿的环境中玉器容易白化，细致的玉质不易白化。(钱宪和，《古玉之矿物学研究》，《东亚玉器二》，香港中国考古艺术研究中心，1998年版第230页)。

当实际观察玉器时，可以发现白化容易发生在玉器的边缘地带，如河北平山中山国六号墓出土的战国玉璧（见图32）以及台北故宫博物院藏的新石器时代玉璧(33)；这应该是玉石接近玉璞的部分，此处玉石结构较为疏松，所以较容易白化，符合闻广与钱宪和的看法；而且，当比对成形对开的玉佩时，更可发现白化发生的部位非常对称，如震旦博物馆藏的战国凤形玉佩（见图34）与图35震旦博物馆的战国龙形玉佩合并起来时，很明显可以看出，白化部位完全吻合，可以看出玉的质地松紧与否，影响了白化的发生。

因此，白化的形成与质地的疏密有很大的关联性，也就是白化是结构变松造成的可能性最高，但是，怎样的因素可以让玉质变松呢？台北故宫博物院藏一件东汉包金握猪(图36)，包金的部分脱落后，可以见到包金的部位几乎完好如初，而未包金的部位白化非常明显，由此來推测墓葬环境，黄金是隔离了酸碱的侵蚀还是调和了冷热变化？这还需相关领域的专家进一步作研究了。

现对以上各位学者的研究提出我的看法：

1. 关于“火烧玉”。火烧玉器1000度左右能使玉器变白，这是众所周知的事实。但它并不能证明“白化是结构变松造成的”，火烧玉器能使结构变松，但在火烧的过程中有氧参加了化学反应，为什么不是氧化反应造成的呢？如果能在隔绝空气的真空条件下做加热试验就好了。如果能在隔绝空气的真空条件下，加热玉器到1000度左右也能使玉器变白。这就能证明“白化是结构变松造成的”。
2. “白化成因并非外来沁染，而是发自玉质内部的‘质变色’”（闻广：《中国古玉研究的新进展》，《中国宝玉石》1991年第4期）。
3. “闪石受沁后其矿物未变，并没有钙的增加，古玉受沁后的显著变化是显微结构变松，由此导致了其半透明度的丧失及褪色变白”。
4. “玉的质地松紧与否，影响了白化的发生。”
5. 北方土地和水质呈现碱性，而江南田地和水质呈现酸性，酸在白化过程中起了重要作用。

结论：玉器的白化现象与玉的矿物学成分有关，与玉器的质地松紧有关，与江南田地和水质呈现酸性有关。与地热、地火无关，与石灰无关。是玉器在各种混合酸的作用下（草酸、硝酸——下雨打雷形成，碳酸——空气中二氧化碳溶于水）经过长期、缓慢的化学反应的结果。

三、鸡骨白的特征

1. 鸡骨白的颜色

前面已经说过，鸡骨白是对玉器被氧化后表面呈现白颜色的一种统称，其实很难找到纯净的白色。就拿上面的几件鸡骨白玉器来说，有的白里泛黄，有的白里夹杂有其他颜色。事实上由于表面呈现鸡骨白颜色的古玉，其玉质已发生化学变化，质地已非常疏松，极易受到其他颜色的沁染。有的局部或大部呈现出其他颜色，但其质地仍是鸡骨白。当鸡骨白的表面全部被另一种颜色所沁染时，通常这时的玉器就不叫鸡骨白，而改叫其他颜色了。这也就是良渚玉器具有很多种颜色的原因。其实它们大都是从鸡骨白演变而来的。

现请看一件大部是红色的良渚玉器：在前图五·十中，红色在良渚玉器里是十分稀少的颜色。这件玉器的表面大部分是红色，但从管钻孔下边的缺口处可以看到红色的下面仍是白色，而从管钻孔右上边的缺口处隐约可以看到白色的下面是绿色，红色仅是表面薄薄的一层。

2. 一致性

鸡骨白和一般沁色的不同之处是：沁色只是改变玉器表面或近表面处的颜色，所以，它一般是局部的。而鸡骨白改变了玉器近表面处或玉器全部的玉质。所以，它表现出来的白色布满玉器所有的表面。我把这种现象称为一致性。一致性是鸡骨白的普遍特性，它也是判断玉器是否是鸡骨白的主要依据。但凡事都有特例，在材质较好的玉器上，鸡骨白有时仅表现为丝（条）状、点状，有时仅表现在玉皮上。

3. 白色中常夹杂有少数的其他颜色的点和块

由于良渚古玉的成分复杂，在白化时不可能所有的物质都呈现白色，所以常会在白色中夹杂有少数的其他颜色的点和块。但这种杂色的点和块同样经过了4000多年的长期、缓慢的化学反应过程，所以，大部分这种杂色的点和块像是从白色的下面透出来的，给人一种模糊不清的感觉。

4. 透光不透光的问题

透光不透光跟两个因素有关，一个是氧化层的致密程度，另一个是氧化层的厚度。

当氧化层的致密程度很高时，哪怕是薄薄的一层它也是不透光的。当氧化层的致密程度很差时，透光不透光就决定于氧化层的厚度。

图五·十六所示的鸡骨白玉锥形器残件就是全部已风化变质的例子，从图上已找不到一点原来玉质的样子。可以肯定这种鸡骨白是不透光的。

而上一章的图四·十五中的玉钺则是整个表面的表层被风化，由于整个表面呈浅灰色，且玉钺的表面还有一些棕褐色的条纹是草枝纹，它是铁锈沿着腐烂后草枝而形成的，只有上部和右上部仍可看出是鸡骨白的颜色。这块玉钺迎光可以看到是全部透亮的。

实际上对于鸡骨白玉器透不透光，这个问题的答案是不一定的。

四、与鸡骨白有关的其他几个问题

1．并非只有玉器才有鸡骨白现象

良渚玉器常表现为鸡骨白现象，但并非只有玉器才有鸡骨白现象。请看图五·十七，这是两个小石锛，表面呈现为鸡骨白。这两个小石锛是我专门收集来作为标本说明并非只有玉器才有鸡骨白现象的。

图五·十七　表面为鸡骨白的小石锛

2．鸡骨白的其他几种表现形式

在谈到一致性的时候，我曾提到一致性是鸡骨白的普遍特性，它也是判断玉器是否是鸡骨白的主要依据。但凡事都有特例，在材质较好的玉器上，鸡骨白有时仅表现为丝（条）状、点状，有时仅表现在玉皮上。

丝状鸡骨白一般表现在玉器的裂痕上，各种原因形成的裂痕由于改变了裂痕处的玉材的物理性状，使得此处玉石结构较为疏松，所以容易形成白化现象。

点状鸡骨白一般表现在玉器含有杂质的部位，此部位由于结构较为疏松，所以容易形成白化现象。图五·十八是图五·九玉镯的侧面，上面的一小块白色即是点状鸡骨白，而裂痕处的几丝白色就是丝状鸡骨白。

图五·十八　玉镯侧面上的点状鸡骨白和丝状鸡骨白

第五节　勿以“包浆”论良渚古玉

玩古玩的人至少都听说过“包浆”这两个字，或者对“包浆”很内行。但是包浆这东西又有几个人能道得清说得明呢？对于同一件东西有人说有包浆，有人说没有包浆；有人说包浆好，有人说包浆不好。在我看来，包浆这东西是一种只能意会不能言传的东西。而且包浆还存在于大部分的古董（包括石、玉、铜、铁、木等）之中，本书只谈玉石器的包浆。虽然，我对包浆这东西理解得不深，但我看到有人用“有无包浆”来评判是否是良渚古玉（石）器的时候，我认为这种判断方法是不对的。下面我就谈一谈对包浆的看法，并指出——勿以“包浆”论良渚古玉。

一、包浆与传世古玉

玉器分传世和出土两种。传世玉器经过几十年、几百年的佩带、把玩，由于空气的氧化作用，汗水的侵蚀，与身体、衣服的磨擦，在玉器的表面产生一种蜡样光泽的氧化膜，俗称“包浆”，这种光泽柔和自然。氧化、腐蚀、磨擦是包浆形成的三个原因，它实际上是一种在有油脂作用下的长期的慢性抛光现象。所以说包浆是与传世古玉密切相关的一种表面现象。

二、玻璃光与出土古玉

在前面我曾谈到了在出土的良渚古玉石器里有一种表面处理得十分光滑的玉石器，它的表面跟我们现在常用的一种建筑材料抛光大理石板一样光亮得可以照清人的

影子，俗称“玻璃光”。玻璃光是出土的良渚古玉石器里表面处理得最好的一种，当地人也把它称为包浆很好。实不知：此“包浆——玻璃光”非彼“包浆”也。出土古玉上的玻璃光，是当时制造好了的时候就有的，它也是一种抛光后的结果，只不过是一种快速抛光的结果。而传世古玉上的包浆是后天才形成的，是一种在有油脂作用下的长期的慢性抛光现象。所以说出土古玉上的“包浆”实际上是一种保存完好的有光泽的氧化膜。

三、包浆与良渚古玉

在出土的良渚古玉中，有的表面处理得很好，被人们称为包浆很好。参见图五·二十：具有八脚灰皮——不规则网纹的玉钺。

但有的表面却被氧化得很厉害，如图五·十九：风化很厉害的玉钺。

图五·十九　风化很厉害的玉钺

实际上，包浆好的（表面处理得好的）而又保存得好的是极少数，而大量的是包浆不好的（表面处理得不好）而又保存得不好的。

从上面的分析来看，包浆的好坏并不能作为鉴定良渚玉石器的依据，所以说，勿以“包浆”论良渚古玉。

第六节　怎样鉴别良渚时期的玉器

良渚玉器的鉴别主要是断代，而非玉种的鉴别，也就是说鉴别一个器物是否是良渚时期的。

良渚时期的玉石器按用途可分为：劳动生产工具、生活用具、祭祀品、装饰品等。一般都是扁平器，绝大部分都有孔。孔有大小孔之分，0.8～1厘米以上的就算是大孔，大孔一般都是用管钻法钻成的，管钻法钻好的孔一般都不再加工修饰，保持其原来加工好的状态，为我们的断代提供了方便。只有少数环、镯类的才需要再加工修饰。

所以，良渚玉器的鉴别可以分为对大孔器物和小孔器物的鉴别。小孔器物如管、锥形器、珠、冠型器等，放在下册再介绍。关于管钻孔的鉴别在第三章已有详细介绍，这里不再重复。

在第四章和本章的前面我用了大量的篇幅来分析良渚时期玉石器的表面现象，目的就是为了探寻通过玉石器的表面现象来鉴别良渚时期玉石器的方法。当我们拿到一个待鉴别的物品时，首先映入我们眼帘的是待鉴别物品的器型和器物的表面（器型不在本节的讨论范围之内）。有的器物一眼就可以看出是真品，大部分的器物却需要仔细辨认，这是因为良渚时期玉石器具有千奇百怪的表面形态，没有什么规律性的东西可循。在这里只能提出几点意见供大家参考。

一、根据玉石器的表面现象鉴别良渚玉器的难点之所在

1. 接触真品的机会少

这个问题不光存在于良渚玉器，一般的古玉和高古玉都存在这个问题，而且距离的年代越远，问题越严重。一般人接触真品都是通过博物馆、书本。隔着玻璃、通过照片对器物的研究与直接用手拿着近距离地研究还是有很大的区别的。更何况博物馆展出的展品有限，仅挑选一些精品展出，不能观其全貌，有很大的局限性。平时见到的物品又不能百分之百确定其真伪，很难把它作为评判的标准。

2. 表面现象的多样性

表面现象的多样性表现在两个方面：不同玉质的多样性表现和同一玉质的多样性表现（关于这两点前面已有大量的表述，这里不再重复）。正是由于多样性的表现，使得在鉴别时没有一个统一的标准，只能凭个人的经验来判断。

3. 一些特有的表面现象缺乏普遍性

在良渚玉器中有一些特有的表面现象，比如图五·二十　八脚灰皮——不规则网

纹的玉钺。这种八脚灰皮是一种很难仿制的表面现象，常出现在良渚时期或更早一些时期的石器、玉器上，这种八脚灰皮的颜色深浅不一，有的只出现在器物表面的局部。一般来说，只要在玉石器的表面发现有八脚灰皮，就基本上可以判定是真品。但是这种特有的表面现象缺乏普遍性。也就是说，只有一部分玉石器的表面有八脚灰皮。我们不能把是否有八脚灰皮作为判定一切良渚玉器的标准。

图五·二十　具有八脚灰皮——不规则网纹的玉钺

虽然根据玉石器的表面现象鉴别良渚玉器有很多的困难，但是仍可以找到一些方法来鉴别。下面我就介绍根据玉石器的表面现象鉴别良渚玉器的一般方法。

二、怎样根据玉器的表面现象来鉴别良渚玉器

1. 氧化（沁色）是通过表面现象来鉴别良渚玉器的第一要素

良渚时期距今已有四五千年，所以我们目前能见到的良渚玉器都是出土之物，只是出土的时间早晚而已。由于良渚玉的特殊玉质，再加上江南水乡的特殊地理环境，这些玉器出土之时表面都被氧化层包裹着，氧化的程度随着玉质和环境条件的不同而轻重不同，有的只是表面薄薄的一层，有的则是全部被氧化。所以，氧化（也有的人叫沁色）是鉴别良渚玉器的第一要素。没有氧化层的就是仿制品。因为氧化层是经过几千年的岁月慢慢形成的，很难仿制。前面已经分析过，在氧化（沁色）中，鸡骨白约占三分之二以上，正确识别真假鸡骨白对于鉴别良渚玉器是十分重要的。

现在市场上的鸡骨白仿制品主要有两种：

（1）利用火烧、加热或化学品腐蚀使玉器表面变白。

图五·二一就是一个火烧鸡骨白，火烧鸡骨白主要用来仿制风化得很厉害的良渚玉器。其主要特点是：干涩、粗糙、裂痕和不均匀。干涩、粗糙在图片中不容易看出，但裂痕在图片中很明显。由于火烧、加热使得玉器表面受热不均匀，出现随处可见的不连续裂痕。不均匀是指有的地方已经变白，有的地方仍保留玉器的本色。但是鉴别火烧鸡骨白最有效、最方便的方法是：将火烧鸡骨白浸入水中。火烧鸡骨白会发出类似生石灰浸入水中而产生的刺鼻的气味，而真正的鸡骨白玉器没有。

使用化学品腐蚀使玉器表面变白的鉴别方法是：器物棱角部分的颜色和平面部分的颜色不一样。由于这种方法能使白色均匀地分布在器物的表面且与真的鸡骨白很像，但由于急于求成，表面形成的白色质地疏松、附着力不强，棱角部分的白色很容易被擦去。

（2）利用杂色玉的本色主要是白色玉（有时需做旧）来仿制鸡骨白 。

图五·二一　火烧鸡骨白

图五·二二所示为一仿鸡骨白玉琮。该玉琮材料选得很好，工仿得太差，没有做旧，给人一个崭新的感觉，一眼就可以看出是仿品。

由于这种仿品是用新玉所作，而且大多经过抛光，总体给人的感觉是“新”。其次，由于是新玉所作，表面不可能有局部的氧化层脱落，如同图五·十中表面是枫叶红的鸡骨白玉器那样，表面有局部的氧化层脱落。

图五·二二　仿鸡骨白玉琮

2．氧化（沁色）不露地、露地要注意

在观察氧化层时，特别要注意的一个现象是“露地现象”。良渚古玉一般是不露地的，也就是说，良渚古玉一般是看不到玉器里面的玉质的。一个待鉴别的良渚玉器如果能看到里面的玉质，那就要特别注意它的真伪。

一般地鉴别古玉是必须露地的，因为露地才能看到玉器里面的玉质的情况。而鉴别良渚古玉正好相反。

良渚古玉表面的氧化现象分为四种情况：

（1）表面是单一的颜色（不露地）

单一的颜色可以有很多种，如红、黄、绿、白、黑等。这里只举一个例子，图五·一未氧化时为半透明的湖绿色，氧化后为“鸡骨白”的玉钺。这种不露地的氧化层布满整个玉钺的任何一个地方，俗话说氧化层是表面完全跟通的。

（2）表面是混杂有各种颜色的（不露地）

图五·二三是杂色玉璧。表面混杂有各种颜色。

从图五·一和图五·二三这两个例子可以看出，不论氧化层是单一的颜色还是混杂有各种颜色的，我们都看不到里面玉质的颜色。“良渚文化网”一共展出70个良渚精品玉器，“良渚博物馆”网站一共展出9个良渚精品玉器，没有一个是露出里面玉质的。不论是博物馆的展品还是日常所见的良渚玉器一般都是不露地的。（图五·二十、图五·二三、图五·二四选自嘉兴博物馆）

（3）表面是局部露地的

图五·二三　杂色玉璧

图五·二四　局部露地的黄玉镯

（四）表面是全部露地的

请参看图四·十全部露地的红玉钺。

图五·二四和图四·十是嘉兴博物馆展出的藏品，一个是局部露地的，一个是全部露地的。虽然说绝大部分良渚玉器是不露地的，但还是有极少数的良渚玉器是露地的。这就给我们在鉴别良渚玉器时带来很大的麻烦，我们不能以露地不露地作为鉴别良渚玉器的唯一标准。而是要进一步分析为什么绝大部分良渚玉器是不露地的，而极少数的良渚玉器是露地的。通过对露地的良渚玉器仔细地观察和比较，我得出了以下几点看法：

（1）露地的玉器玉质比较好、比较纯净。

（2）露地的玉器玉质硬度比较高，硬度大于5，可以划动玻璃。

因此，我们在通过玉器表面来鉴别良渚玉器时首先要观察氧化层是否露地，如果是不露地的，那就通过与过去见过的表面现象进行比较来鉴别。仿制品的氧化层要做到不露地且不露破绽是比较困难的。在鉴别不露地的良渚玉器时尤其要注意玉质本来的颜色与氧化层之间的区别。

如果通过玉器表面来鉴别良渚玉器时观察到的氧化层是露地的，那么就要对该玉器的玉质进行仔细的鉴别，有可能的话对露地的玉质进行硬度测试。尤其要记住露地的良渚玉器是很少的，是良渚玉器中的精品。

图五·二五是一仿品锥形器，图五·二六是仿品锥形器的局部放大图。该玉种可能是杂色岫玉，绿色中混杂有成片的白色。这是一个表面局部露地的品种。从放大图中可以看出局部的白色好像已被风化得很厉害，像火烧鸡骨白。这个仿品的问题在于：

（1）白色和绿色风化的不一致性。

（2）白色之间风化的不一致性，有的白色风化得成片脱落，有的却没有风化的痕迹。

利用杂色玉来仿制良渚玉器是当今仿制品市场上最常用的一种手法，大家一定要小心。

图五·二五　仿品锥形器

图五·二六　仿品锥形器的局部放大图

3．灰皮与包浆的跟通及一致性

这一点比较好理解而且容易掌握，只要注意观察就行。下面举一个例子。

图五·二七所示为一仿枣皮红小玉璧。该枣皮红小玉璧材料选得很好，做工也很好，给人一种真假难辨的感觉。 但注意观察该玉璧的孔就可以发现问题，该玉璧的包浆不跟通。该玉璧的表面全部抛光得很好，唯有孔内抛光不到，孔内仍是新加工的痕迹,露出了马脚。

现在的仿制品一般都用新的杂玉作为原料来制作，加工好后都有一个抛光的过程。由于仿品利润薄，不可能精雕细琢，有的不易加工到的地方就可能露出马脚。

图五·二七　仿枣皮红小玉璧

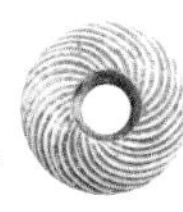

三、再谈“管钻孔”是鉴别良渚时期玉石器的最主要方法

在第一章我用大量的篇幅分析了怎样根据“管钻孔”来鉴别良渚时期玉石器。在玉石器上用管钻法打孔是马家浜——菘泽——良渚时期的伟大创举，它开创了我国古代手工机械的先河，这种方法至今已经失传。用这种方法加工出来的管钻孔与现代用电动机械工具加工出来的孔，在样式上有着很大的区别，很容易用肉眼分辨出来。根据“管钻孔”来鉴别良渚时期玉石器，有很高的准确性。它的缺点是遇到没有大孔的器物就无法鉴别。

在第二章和本章我分析了良渚时期玉石器的表面现象及其主要特征，同时又谈了怎样根据良渚时期玉石器的表面现象及其主要特征来鉴别良渚时期的玉器。由于表面现象的多样性（不同玉质的多样性表现和同一玉质的多样性表现），使得在鉴别时没有一个统一的标准，只能凭个人的经验来判断样品的真伪。

归纳以上两种方法，我认为在遇到有大孔的待鉴器物的时候，“管钻孔”是鉴别良渚时期玉石器的最主要方法，而根据表面现象及其主要特征来鉴别良渚时期玉石器只能作为辅助的参考。

第六章

石斧和石钺的演变过程

一部玉石器的演变史就是古代新石器时代人类的进化史，人类在与自然界作斗争的时候，不断地改进劳动生产工具，随着劳动生产工具的不断改进，劳动生产力也不断地得到提高，使得人类的社会结构不断地改进，从而也改变了人本身。一个新器物的诞生，必定有着与之相关的社会经济、政治的原因，它不会凭空而产生。研究一个器物产生的原因，就是要挖掘它背后隐藏的深刻的社会经济、政治原因。有时我们虽然一时搞不清它们背后的确切原因，但它们确实是存在的。

从这一章开始我准备介绍的有：

1. 石斧和石钺的演变过程（包括器型）。
2. 石刀的演变过程（包括器型）。
3. 圭的起源和演变过程（包括器型）。
4. 璜的演变过程。
5. 璧的演变过程。

器型也是玉石器鉴定中的一个重要方面，本书提供的斧、钺、刀、圭的器型，比你在博物馆里所能看到的要全、要多。

商周时期的六大礼器：璧、琮、圭、璋、琥、璜中的四大礼器璧、琮、圭、璜都源自良渚文化，搞清楚它们的来源和演变过程是很有必要的。

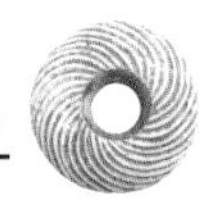

第一节　从手斧到石斧

良渚文化以其数量众多、品种繁多、制作精美的石器、玉器而著称于全世界。而石器由于和当时的劳动生产、经济生活密切相关，更能引起人们的关注。由于良渚时期处于新石器时代的末期，当时并没有文字记载的史料流传于世来供我们分析，因此要想了解当时的社会状况，通过对当时遗留下来的大量的石器来进行分析，这是一个重要的途径。

人们在考古中发现，石斧和石钺是考古发掘出来的石器当中数量最多的品种之一。钺是中国古代一种两腰内收，两刃角外翘，中间有孔，左右对称，扁平且具有弧形阔刃的劈砍兵器。先秦时期也作为统帅权威的象征物，并用于刑杀。在良渚文化遗址中，有的墓葬中有大量的石钺出土。例如1991年瓶窑镇汇观山4号墓出土石钺48件，后来在余杭星桥乡横山两个墓葬中出土玉钺2件，玉管100多件，柱形器3件，石钺155件等，其中2号墓光石钺就有132件。另外，在日常的劳动和大规模的经济开发中出土的零星石钺更是不计其数。由此对石钺的研究就显得更加重要。

这么多的石钺到底是干什么用的？

有人说钺是一种兵器，玉钺代表兵权、玉璧代表财权、玉琮代表神权。这是当今最流行的主流看法，这种看法常见于报刊文章之中，甚至有考古学者也经常引用。

有人说钺和斧一样，是一种劳动工具。

根据我的研究，良渚文化时期的石钺是我国最早流通的货币。

为了说明这个问题，下面我就对石钺的由来、作用、变化来进行分析。石钺和石斧是如此的相像，以至一般的人很难区分。由于石钺是从石斧演变而来的，而石斧又是从手斧演变而来的，所以，下面我就先从手斧开始谈起。

一、手斧

通常，人们把旧石器时代打制的斧形石器称为手斧，而把新石器时代磨制的斧形石器称为石斧。

人类在使用金属制造劳动工具和生活必需品之前，曾长期地使用石头作为原料来制造工具。考古学把这一时代定为石器时代。早在250万年以前，在埃塞俄比亚发现一堆凿过的石头，它可能是发现的最早的手斧。早期的石器打制方法简单，没有经过多少加工，仅能以手握住使用而已。在以后的劳动实践过程中，器型逐渐明确起来，可分别用于锤击、刮削、砍劈、锥刺等多种用途。用打制方法制造的石器，考古学称为旧石器，它所处的时代为旧石器时代。

当时有这样两种石制的工具，一种是砍砸器，砍砸器在打制的时候比较随意。还有一种是手斧。手斧是测量早期人类智力发育水平的一项重要指标，这种工具表明当时人类的想象力和对工具的整体设计能力已发展到了一定水平。

手斧是两面打，打完了一面，再打另一面，中间还有个尖。手斧跟砍砸器的主要区别就是加工方法不同。手斧经过两面打击，两面加工，技术要求高，而砍砸器往往只是很简单地打击一下，不需要很多的思考。

手斧曾经在云南、陕西省的蓝田等这些现在已被世人公认的人类祖先的聚集地发现过。

广西西部的百色盆地，是一个新生代断陷盆地。盆地内的早第三纪湖相地层之上，广泛发育一种很有特色的由河流堆积演化而成的第四纪砖红壤层。这种酸性堆积不含化石，却发现了以手斧为代表的大量石制工具。1973年，中国科学院古脊椎动物与古人类研究所野外队在盆地西端发现一处旧石器遗址。随后几年，地方博物馆将遗址增至数十处，采集石器达四千多件。

百色手斧经中国原子能科学研究院用裂变径迹法测定，结果为73.3万年，由伯克利地质年代中心用氩/氩法测定玻璃陨石，获得了距今80.3万年的结果。

在湖北汉江中游发现的“郧县人”遗址，伴随着两具直立人上颅骨化石和大量大哺乳动物化石出土的石制品。在发现的数百件石制品标本中，手斧虽然只有9件，意义却非同寻常。 中法专家通过对湖北省西北的“郧县人” 遗址的联合考古，确定了生活在中国次大陆上的古人类至少在80多万年前就开始使用手斧的事实，郧县人是中国目前发现的最早使用手斧的古人类之一。

手斧具有两个主要特征：一是双面打制，中间起刃；二是以手能握住为主要的使用方法。手斧经过上百万年的发展，在早期人类进化成当今的现代人的过程中，也逐渐地由打制向磨制发展。

“石器制造方法从打制向磨光的途径发展，中间经过了一个半打制半磨光的阶段，这个阶段被称为中石器时代。它的特点是人们初步掌握了磨制工艺，但还不很成熟，只是在每件器物的实用部位加以磨光。”（摘自南京博物馆藏宝录《玉石器概说》，赵青芳）这是从旧石器时代到新石器时代的一个过渡阶段。需要说明的是，平时如果我们见到一件仅在实用部分加以磨光的石器，就判断它是中石器时代的东西，可能就会出错。因为在新石器时代有不少石制的劳动工具仅在实用部分加以磨光，这不表明那时的人类不能将其他部位加以磨光，而是不愿在那上面浪费时间。新石器时代的劳动工具加工大多是很粗糙的，主要讲究实用性。但他们当时同样可以制造出加工得十分精致的石器。

大约5万年前，考古学在世界上发现有磨制石器，我国大约在1万年前进入新石器时代，新石器时代是以磨制石器为主的时代。新石器时代的各种石器，大部分都是由手斧根据劳动生产、生活的需要逐渐发展、演变而来的。

二、从手斧到石斧的发展过程

手斧经过由打制向磨制的发展阶段，将不适宜用手握住的棱角和突起磨平，逐渐发展为石斧，这一过程人类大约经历了五十万年以上。新石器早期的石斧是方形柱状或圆柱状、椭圆柱状的，统称为柱状斧。而新石器后期的石斧则主要是扁平穿孔斧。这两者之间是有很大区别的。

据《浙江日报》2004年1月8日报道：“2003年11月下旬至今,浙江省文物考古研究所、萧山博物馆对下孙遗址进行了考古发掘。证实在距今7000～8000年间湘湖一带存在着一种独特的考古学文化类型——‘跨湖桥文化’。文章中刊登了一幅当时出土的器物照片，照片中可看清的8个石器中，“其中有两个不见于江南其他新石器时代遗址的特殊性器物如线轮”，它也是柱状的，其余的6个都是柱状斧。这也可以说明，新石器早期的石器大多是柱状的。如图六·一所示。

为什么新石器早期的石器大多是柱状的呢？我们知道，旧石器时代的手斧是以手能握住为使用方法的。打制的手斧演变成磨制石斧时，为了方便用手握住，逐渐克服

图六·一　下孙遗址出土的柱状斧

了打制石器的某些缺点。比如，将太多的、锋利的棱角磨去。这样逐渐就加工成了方形柱状，进而又成了圆柱状、椭圆柱状的，统称为柱状斧。这些柱状斧的形状多种多样，且不同的地区和时期，形状都略有不同。浙北出土的柱状斧主要有两种，一种是方形柱状斧,另一种是椭圆形柱状斧。如图六·二的方形柱状斧和图六·三的椭圆形柱状斧所示。显然,从加工的工艺上可以看出，方形柱状斧比椭圆形柱状斧年份要早。而椭圆形柱状斧是从方形柱状斧演变而来的。所以，下面我们着重研究方形柱状斧。

下面所示的就是新石器早期的柱状石斧。

图六·二所示为一年代较早的方形柱状斧。距今约6000~7000年左右。尺寸如下：长10.7cm，顶宽3cm，刃宽2.3cm，起刃处最宽达3.4cm，最厚3.7cm。两面起刃，对称，上半部是琢，凿而成的。横截面近似方形。仅仅从起刃处到刃是磨成的，实用器，无装柄痕迹。

图六·二　方形柱状斧

图六·三　椭圆形柱状斧

图六·三所示是一椭圆形柱状斧。此柱状斧为典型的柱状斧，尺寸如下：长12.1cm，顶宽4.5cm，刃宽5.8cm，起刃处厚3.4cm。两面起刃，对称，上半部是琢，凿而成后，再略为磨光。下半部从起刃处开始是磨成的，横截面成椭圆形。刃部有明显使用过的痕迹，实用器，无装柄痕迹。

根据目前的资料，有孔石斧的出现以马家浜为最早。主要有弧肩、弧面、圆弧刃、圆形或梯形。马家浜文化距今约6000～7000年左右，请看图三·四中马家浜出土的石斧。当时人们的生活来源，以渔猎和农业为主。马家浜遗址下层出土的兽骨多，重达1000公斤左右，是陶片出土量的10多倍。下文化层比上文化层多。这种现象在罗家角遗址、草鞋山、崧泽等马家浜文化遗址中，也有相似的发现。这说明马家浜文化的早期是以渔猎为主，同时也说明了比马家浜文化还早的新石器早期人类的生活也以打猎、捕鱼为主的，而当时石斧的主要用途是砍树加工木料和打猎。当刚从打制的手斧演变成磨制石斧时，石斧是没有柄的。为了方便用手握住，圆柱状或椭圆柱状是最合适的形状，同时，这种形状的物体，当周长相同时质量最大，有利于砍伐和捕猎。

“石斧最初是没有斧柄的。史前考古学很确凿地证明，斧柄对原始人来说是一个相当复杂而又困难的发明。”（俄国社会学家普列汉诺夫：《论艺术》，三联书店，1964年版）

石斧装柄是一项重要的技术创造，这实际上是应用了杠杆原理，减轻了劳动强度，同时又使手臂延长，使人不用再蹲着干活，节省了体力，提高了劳动效率。当时常用的石斧装柄方法主要有以下几种：

1. 榫卯法。将石斧的一头直接插入木柄的卯眼中，或将木柄的一头直接插入石斧的卯眼中。这种方法适用于着力方向（斧头）与木柄成90度的工具。
2. 捆绑法。如将铲柄插入开口的木柄一端，然后直接加以捆扎。这种石铲一般在铲柄的两侧加工有几个横向的突起便于捆绑。
3. 榫卯加捆绑的方法。这种方法又分两种，一种是着力方向与木柄方向相同；另一种是着力方向与木柄成90度。1979年南京博物院在江苏海安县青墩遗址的发掘中，发现了穿孔石斧按柄的方法：柄的前端下方有一浅槽，槽的上方有并列三个孔，穿孔石斧的上端插入浅槽，再在斧的圆孔和柄上的三个孔穿绳捆绑。这种按柄的方法由于采用了固定措施，克服了一般石斧容易因松动而掉头的缺陷，是装柄技术上的一大进步。

图六·四（一）有孔的方形柱状斧

随着装柄技术的需要和发展，柱状斧逐渐

演变成柱状穿孔斧。最初的柱状穿孔斧大概是在柱状斧上直接打孔而成的，但是尚未见到具体的实例。**“需求引导发明，缺点导致改进”**。原来把石斧加工成圆柱状的主要原因是便于用手握住。圆柱状因为厚度大，打孔十分不便。为了打孔方便，而且固定牢固，于是将石斧上端变长，厚度变薄。柱状穿孔斧开始逐渐演变成扁平穿孔斧。图六·四所示的是已经经过改进的“有孔的方形柱状斧”。

图六·四（二）有孔的方形柱状斧的侧面

人类早在250万年以前，就会制造石制工具。我国的古人类至少在８０多万年前就开始使用手斧。经过了近百万年的进化，在改造自然的同时，也改造了人类自己。制造工具的方法也从单纯的打制，向打制和磨制相结合发展，直至进入以磨制为主的新石器时代。我国大约在一万年前进入新石器时代。当时典型的石制工具是柱状斧，随着按柄打孔需要的日益迫切，柱状斧逐渐演变成柱状穿孔斧，直至扁平穿孔斧，这就是从手斧到石斧的演变过程。

第二节　从石斧到石钺

前面我们着重讨论了从手斧到石斧的演变过程。现在我们一般所指的石斧主要就是扁平穿孔斧。随着生产力的不断发展，劳动技能的日益积累，人类社会的不断进步，在太湖流域一带生活的古人类从以狩猎为主逐渐过渡到以农耕为主。手工业从农业中逐步分离出来。商品交换成为日常生活经常发生的事情。商品交换促使了原始货币的产生。而石钺就是当时作为流通的货币而产生的。

石斧和石钺，这两者之间到底有什么关系？

下图六·五所示为一石斧（肩部断裂的残件）。高15.6cm，顶宽6.4cm，刃宽7.5cm，厚1cm，孔径1.5cm，表面颜色为黑灰，石质为页岩，有使用过的痕迹。可以看出该石斧最宽处在腰部，最厚处在起刃处，这种设计为适合于砍伐用的工具。

图六・五：石斧（肩部断裂的残件）

表一石斧和石钺之间的区别

	石　　斧	石　　钺
作　　用	劳动工具	主要是货币
制　　作	粗糙	精细
形　　状	较长，较厚，两腰有的平行或外凸或不对称	两腰略内收，两刃角外翘，左右对称，扁平且具有弧形阔刃
孔	有的没有孔	中间有孔或多孔
侧　　面	两侧较厚	两侧很薄，在有刃无刃之间

上表列示了石斧和石钺之间的不同之处，从形状上来看两者之间的差别是很小的。但从政治经济学的观点来看，石斧是参与商品交换的一般商品，而石钺则是逐渐从商品交换中分离出来的一般等价物。两者之间是有着本质区别的。这种转变是怎样完成的呢？首先，它经过了一个漫长的发展时期。在良渚遗址中找到的绝大部分是磨制的石器。良渚时期大约在距今4400～5300多年前，处于新石器时代的原始社会末期。大约在这1000年的时间里，随着生产力的发展，原始部落或本部落之间逐渐产生了商品交换。在商品交换中，石斧由于历史悠久，用途广泛，便于携带，易于储藏，便逐渐在商品交换中得到广泛使用。设想一下，有甲、乙两个人，甲如果有两把使用效果一样但加工不一样，一把粗糙、一把精细的石斧，用其中的一把，去换取乙的某个物品，乙肯定会要加工精细的那一把。如果甲用这两把石斧跟乙交换谷物，加工精细的那一把肯定能换到更多一点的谷物。这在政治经济学中是解释得通的。因为，加工质量的不同，所需的劳动时间就不同。加工得精细所花费的劳动时间就多，它的价值就高，所能交换得到的东西就多。正是因为这个原因，石斧的加工就越来越精细（同时期出土的石犁、石锄、石铲等石制农具的加工仍很粗糙）。制作得很好的石斧，如果还把它用来当做劳动工具，那么肯定会在劳动中损坏，损坏了的石斧在

交换中得到的东西必然减少。这样，为了可以换取更多的东西，而使得加工得精细的石斧，逐渐地脱离了劳动工具的范围，而从一般商品中逐渐分离出去，成了一般等价物——货币。在这一变化过程中，器形也逐渐发生了变化，外形变得更美观，更薄，式样也更多。

图六·六所示为一石钺，高21.5cm，顶宽15.1cm，刃宽16.5cm，厚0.8cm，孔径3.2cm，表面颜色灰色，石质为页岩，无使用过的痕迹。可以看出此钺大而薄，显然此钺不适合作为砍伐的工具。

图六·六　石钺

第三节　石斧和石钺的器型

一、器型多样性的原因

1. 原始社会的商品交换一般发生在部落之间。不同部落生产出来的物品不可能是一样的。再加上生产条件的限制，就是一个人生产出来的东西也不可能完全一致。
2. 根据马克思主义的观点，早期原始社会的商品交换一般发生在部落之间，是部落与部落之间的交换，没有部落之间和个人间的交换，是大批商品之间的交换。早期原始社会实行的是群婚制，是母系氏族社会。随着对偶婚制逐渐取代群婚制，母系氏族社会进化为父系氏族社会，以父亲为主的小家庭逐渐成了交换的主体。

交换主体的细分化带来的直接后果之一就是交换次数的大量增加。另一个是每次交换的商品数量的减少。商品交换的等价性原则决定了生产交换商品的劳动时间必须一致。被交换商品的多样性决定了货币品种的多样性。当时不可能有现在这样多面值的货币，只能体现在货币品种的多样性上。

多样性表现在以下几个方面：

1. 尺寸大小：小的如指甲盖，大的能如小炕桌。一般都如手掌大小。
2. 石质：制作石钺的石料几乎包括了常见的所有岩石，如沉积岩、沙岩、变质岩、花岗岩等等。
3. 加工工艺：有的工艺很粗糙，有的可跟现代工艺品相比，表面加工得像用机器抛光出来的一样，可以照清人的脸。
4. 器型变化大：除了在石钺本身的形状上加以变化外，还派生出像石圭、石刀、石锛等多种石器（尤其是数量众多的小石锛，这些石锛尺寸小、加工精、无使用痕迹），这些石器有的估计也是当做货币用的。

下面仅就我收集的资料给大家做一介绍，实际的品种肯定还要多得多。

二、器型的种类

1. 器型在尺寸上向大和小两个方向发展

大的石斧我见过30×40厘米的，但没有实物例子。下面举两个小的例子。

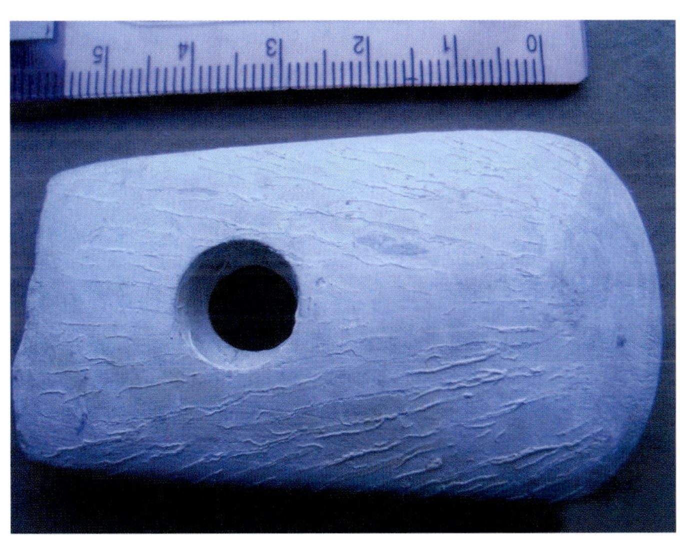

图六·七　小石斧一

2. 器型在斧肩上的变化

斧（钺）的肩部一般保持玉石料开采时的原始状态，不做加工。带肩的器型比较少见，如图六·九、图六·十所示。

3. 器型在两腰上的变化

一般石斧（钺）的两腰都非常薄，似在有刃和无刃之间。腰部的厚薄与器物的厚薄有关,器物厚的腰部也厚，器物薄的腰部也薄。但有的腰部是制作成平的,甚是少见。图六·十一为一平腰的石钺。

图六·八　小石斧二

图六·九　两肩加工成弧形的小玉钺

图六·十 常见的有肩石斧

图六·十一（一）腰部是平的石钺。

图六·十一（二）腰部是平的石钺的腰部

4．器型在刃部的变化

器型在刃部变化的十分罕见，我见过的石斧（钺）过千，仅见此一把。刃部是向里弯的,我把它叫做阴钺，以区分常见的阳钺。如图六·十二所示。

图六·十二　刃部是向里弯的阴钺

5．器型在斧面上的变化

一般石斧（钺）的横截面由两段圆弧相连而成，而图六·十三的石斧的横截面是由两段梯形相扣而成。

图六·十三　横截面是梯形的石斧

6．器型在厚度上的变化

图六·十四（一）厚石钺

图六·十四（二）厚石钺的侧面

上面我们已经看到石斧（钺）的各种不同的器型，在石斧（钺）各种可能发生变化的方面如肩、腰、刃、面、大小、厚度等都发生了变化。石斧（钺）的一般形状是：长和宽的比例是4:3，符合人们的审美观点。但石斧（钺）的变化还表现在长和宽的比例上。在宽度上的变化使石斧变成了另一种器型——石刀，这里不作介绍，第七章专门介绍石刀。

7. 下面我们看在长度上发生的变化

如图六·五就是一把长度比较长的石斧。

8. 当石斧的长度变长以后，长和宽的比例开始失调，聪明的古人类想出了一个解决比例失调的办法，于是又出现了双孔石斧。如图六·十五所示。

图六·十五（一）长双孔石斧

图六·十五（二）长双孔石斧的孔

9.双孔石斧出现后，又出现一个半孔的石斧。如图六·十六所示。

图六·十六 一个半孔的石斧

石斧（钺）的器型变化主要体现在肩、腰、刃、面、大小、厚度、长度和宽度这些方面，具体在某个方面还会有一些细小的变化，这里无法一一列举。

第七章

石刀的演变过程和器型

石刀是环太湖流域新石器时代器型变化最多的一种石器。从石刀演变而形成的一系列石制的劳动生产工具，是研究新石器时代人类社会生产力和生产关系的重要依据。在新石器早期，由于石器的磨制不易，石器的用途分工是很不明确的。一把石斧既可以用来砍伐树木，又可以用来刳制独木舟，也可以用来砍砸野兽的骨头或剥皮。生产和生活的不断发展，促使用于劳动和生活的各种工具也相应地发展起来了。逐渐出现了一些专用的器具，而且工具的器型也已基本定型。

新石器早期较早定型的石器有：专门用于刳制木头的石锛，专门用于凿孔的石凿等。当时主要的石制工具大约有以下几种：石斧(包括石钺)、石锛、 石凿、石楔、锤、砺石这六种石器。关于这六种石器的发展以及相互的演变过程，不在本书上册讨论之列。

石刀作为器型变化最多的一种石器，说明了当时劳动、生活的复杂性和多样性。

在江南一带有据可查的石刀的出现，大约是在马家浜文化时期。石刀是薄型有刃的石器，主要用于割、削、砍等用途。浙江桐乡罗家角遗址是马家浜文化的典型代表。罗家角遗址第四层的碳-14测定距今已7000余年。是迄今为止马家浜文化已见报道的距今时间最长的遗址。根据《桐乡县罗家角遗址发掘报告》刊登的资料，石刀已经在马家浜文化的早期被广泛使用。下图七·一就选自《桐乡县罗家角遗址发掘报告》。

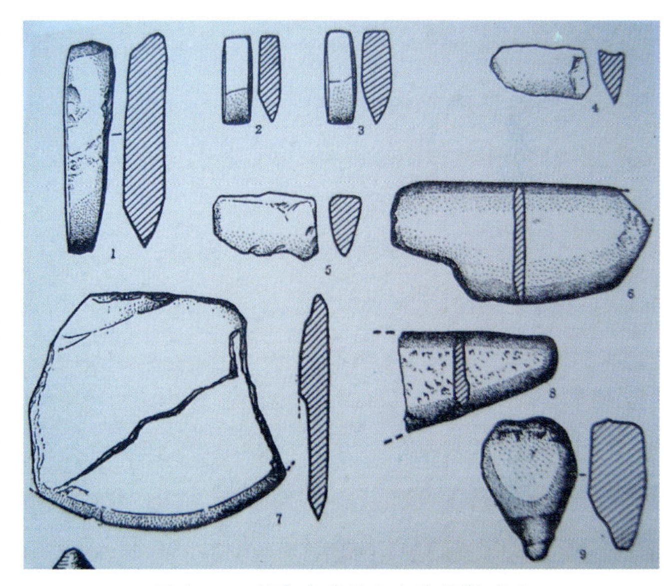

图七·一：罗家角遗址出土的早期石刀

图中4、5、6、7、8为各式石刀。“石刀：24件。大多用页岩等石片加工，表面大多保留有石片的自然面，仅在刃部及刀背的边缘加以修磨”在这出土的石刀24件中：第四层有2件，第三层有6件，第二层有7件，第一层有9件。

从图中可以看出，石刀作为一种器型，比锛和凿要成形晚。当时的锛和凿已基本成型，表面加工光滑，而石刀尚未成型。

值得一提的是图七·一中的6号石刀“Ⅱ式：1件，见于第三层。体形扁薄，形似有柄厨刀形。双面凸弧刃。”。这是见诸于报道的、有确切地层资料的，最早的有柄石刀，距今约6500年。由此可以看出，早期制作的石刀是很粗糙的。石刀分有柄和无柄两种，有柄石刀是进化成良渚时期诸多石制农具的最原始的形式之一。

石刀到了良渚文化时期得到了极大的发展，成为庞大的一族，品种不下几十种，并且不断有新的品种出现。本书所要讨论的是石刀的发展及种类。在这里首先要讨论的是标准形石刀。（罗家角考古队：《浙江省文物考古所学刊》，文物出版社，1981年版）。

第一节　标准形石刀（简称石刀）

前面我已提到，石刀是一个庞大的一族，品种不下几十种，并且不断有新的品种发现。怎样给这些现已不再使用的石器命名，给出一个准确而且被大多数人接受的名称，是一个十分困难的事。现在大约有以下几种方法：

1. 该器物沿用至有文字记载的时期，并有准确名字，如：斧、钺、琮、璧等。其中有的器物到近代仍在使用，如璧。
2. 该器物的形状和现在使用的器物形状相同，并且功能相同，如镰刀，后面再给出实物照片。
3. 该器物的用途和现在使用的器物相同，故以现在器物的名字来命名，如：锛、凿等。
4. 以当地的流行叫法为准，如刀。
5. 以最先发现时所起的名字为准，如耘田器，虽然后来发现可能有误，但名字既已叫出，且广为传播，要改是很困难的。

石刀是当地的一种流行叫法，它指的是以下一种形状的石器，如图七·二所示（注：这是一把陶制的石刀，是一把实用器）。

图七·二(一) 单孔陶制石刀的正面图

图七·二（二）单孔陶制石刀的侧面图

从图七·一中可以看出，石刀与石斧(包括石钺)还是有很大区别的。它们的主要区别有以下几点：

1. *石刀的形状是横长形，即从顶到刃的距离比两腰间的距离短，它的样子跟当今的菜刀(去柄)完全一样。*

石斧的形状是竖长形，即从顶到刃的距离比两腰间的距离长，它的样子跟当今的斧头(去柄)很相像。

2. *石刀的形状一般是三面磨平，底边是刃。*

石斧的形状是三面是刃(两腰是假刃)，顶边一般是不刻意加工的，基本保持原有形状，少量顶边也有磨平的。

3. *石刀的顶边一般是磨平的，它主要是一种用手直接握住使用的工具。*

石斧的顶边一般是不刻意加工的，基本保持原有形状，少量顶边也有磨平的。它主要是一种用于安装木柄的工具，顶边保持原有形状即毛边，起易于固定的作用。

4. *石斧一般只在正中上半部有一个孔，但少量也有一个半孔或两个孔。两个孔以上的极少见。*

在杭嘉湖一带出土的石刀1～4个孔的很常见，5个孔以上的比较少。有报道1979年在安徽省潜山县薛家岗新家岗新石器时代遗址考古发掘中出土36件同类型的穿孔石刀，每件石刀所钻的孔从一孔直到十三个孔的都有。

5. *在杭嘉湖一带出土的石刀的孔一般都是双面对钻的管钻孔。*

从以上介绍的石刀形状的特点来看，石刀是很容易辨认的。

我之所以把这种石刀叫做标准形石刀，是因为：

1. 这种石刀的形状很标准，很像当今厨房的菜刀(无柄)，一般简称刀，以区别于其他各种形状的刀。

2. 大部分人(包括当地人)，及大部分文章都把这种形状的石器叫石刀。

下图是江苏金坛三星村新石器时代遗址出土的部分石器，其中有一把七孔石刀。从图七·三中编号为7的石器，可以看出，这是一把标准形石刀。这把石刀的使用年代距今约6000年左右，是见诸于报道有确切地层资料的较早的标准形石刀。

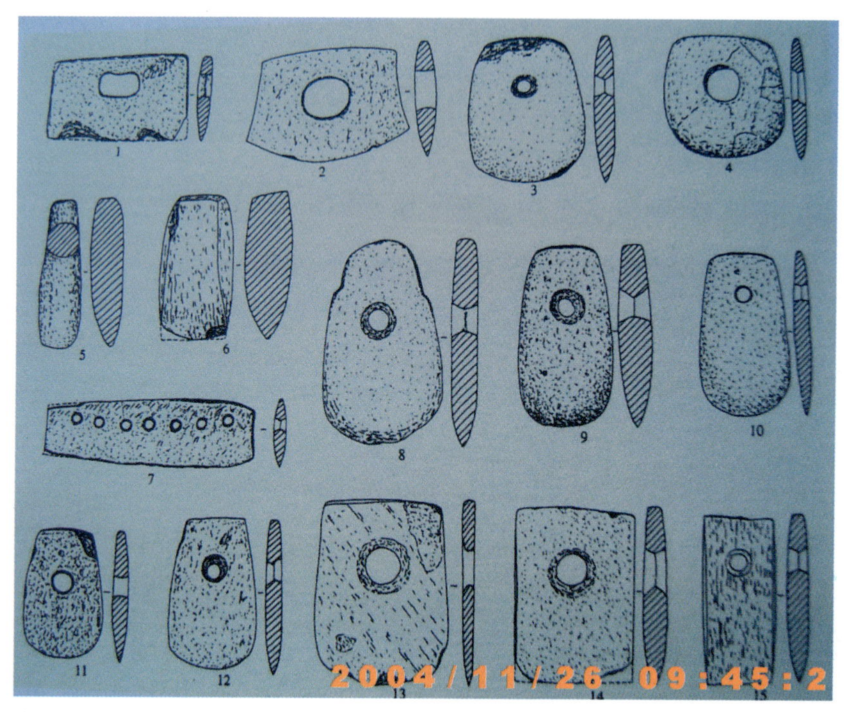

图七·三　江苏金坛三星村新石器时代遗址出土的部分石器

江苏省三星村联合考古队：《江苏金坛三星村新石器时代遗址》，《文物》2004年第2期

第二节　标准形石刀的来源

一、标准形石刀的来源

标准形石刀是从哪一种石刀演变而来的呢？是从我们图七·一所示的那几种石刀演变而来的，还是从其他的石器演变而来的呢？根据我的研究，标准形石刀是从有孔石斧演变而来的，而不是从我们图七·一所示的那几种石刀演变而来的。

一种石器的诞生，也就是说一种石器器型的确定及其演变过程，不是凭空产生的，而是有其自身的原因，同时它也经历了漫长的发展过程。

下面我就来推测标准形石刀的演变过程。

“需求引导发明，缺点导致改进”，石刀的产生，首先是因为在生产和生活当中有这种需要。从图七·一罗家角遗址出土的早期石刀的图中，我们可以看到早在6000年前马家浜文化的各个时期就已经大量使用各种石刀。这种薄形有刃的石器，主要用于割、削、砍等用途。这说明了当时的生产和生活实践当中有这种需求，只不过当时石刀的器型与石斧、石锛、石凿等石器相比还过于原始。

其次，由于石料的开采不易，石器的加工制作更难。所以，一把石器的使用不到完全没有使用价值，是不会轻易抛弃的。通常所见的石斧是上下比较长，而两腰较窄。但在实际中经常可以看到上下不成比例的石斧，如图七·四这是一把由于长期使用，刃部损坏后而不断重新磨快后再使用的石斧。它的形状已经是上下比较短（9.5厘米），而两腰较长（10.5厘米）。可以说它的形状已经和标准形石刀很相似了。

石斧打孔的本意是为了按柄使用的。当石斧被磨损得很短时，按柄已不是很好使用了，所以，只能用手拿着使用。此时顶部的毛边也十分碍事，两腰的假刃也无用处。至此一种新的石器——石刀就呼之欲出。当然，我并不是指这把石斧所处的年代在标准形石刀诞生的年代之前，而仅指这种现象而已。

据此，我推测标准形石刀是从有孔石斧演变而来的。

图七·四　长期使用磨损而致使形状像标准形石刀的穿孔石斧

另一方面，刀和斧有着非常密切的关系。平时我们经常可以看到有一些既像斧又像刀的器型，我把它叫做斧形刀或刀形斧。

二、斧（钺）形刀

斧形刀是指外形主要像斧，而又具有某些刀的特征的刀。

图七·五　外形像石钺的标准形单孔石刀

图七·五所示的是一把标准形单孔石刀。这把石刀与一般的标准形石刀的不同之处在于：一般的标准形石刀是两腰比顶到刃的距离要长，即像一个横的长方形。而这把石刀的形状像一把石钺，两腰间的距离比顶到刃的距离要短，即像一个竖的长方形。除此之外，它的形状更像是一把石刀，所以我把它称为斧形刀——即外形像斧的刀。这把石刀不是产于石刀的诞生的初期，即马家浜文化，而是制作于良渚文化的后期。

三、刀形钺（斧）

刀形钺是指外形主要像刀，而又具有某些钺的特征的钺。

图七·六　外形像刀的双孔石钺

图七·六所示的是一把外形像刀的双孔石钺。一般的石钺是两腰比顶到刃的距离要短，即一个竖的长方形。而这把石钺的形状像一把石刀，两腰间的距离比顶到刃的距离要短，即一个横的长方形。除此之外，它的形状更像是一把石钺。所以我把它称为刀形钺——即外形像刀的钺。很显然这把石钺也是制作于良渚文化的后期。

四、讨论

前面我从一把用残了的石斧推论出标准形石刀是从有孔石斧演变而来的，并举了两个例子：一个是钺形刀——即外形像钺的刀，一个是刀形钺——即外形像刀的钺（这两把石钺和石刀都是制作于良渚文化后期。到了良渚文化的后期，石斧有的已演变成石钺）。即便如此，时隔两千年后仍可看出标准形石刀与石斧之间的密切关系。以此来进一步推断标准形石刀是从有孔石斧演变而来的。

第三节　标准形石刀的器型

标准形石刀的器型变化较少，除了前面介绍过的斧（钺）形刀——即外形像斧（钺）的刀以及刀形钺（斧）外，一般的变化是在孔上。下面我就介绍一下两孔刀、三孔刀和四孔刀。

图七·七　两孔石刀

图七·八　三孔石刀

图七·九（一）四孔石刀

图七·九（二）四孔石刀的孔和布满细小凹孔的表面

第四节　小型对称形弧刃石刀

一、常见的几种小型对称形弧刃石刀

前面我已经说过，各种各样的石刀到了良渚文化时期得到了极大的发展，成为了庞大的一族，品种不下几十种，并且不断有新的品种发现。这些制作精美、品种繁多的小型石刀成了良渚文化的一大特色。其中有许多至今尚不知它的用途，成为考古界争论不休的话题。而且它们中的大多数至今没有一致公认的名字，故描述起来也不太方便。我仔细地分析了它们的形状，归纳出它们的几个共同特点。在描述其共同特点之前先来看实例。

1．平背形Ⅰ型

下图七·十所示，高3.2cm，顶宽10.2cm，弧形刃宽10.7cm，厚0.4cm。表面颜色为灰，石质为细黑沙岩，有使用痕迹，现仍甚锋利，可裁纸。

2．平背形Ⅱ型

图七·十一所示石刀，顶部平，中央有两个角状突起。高3cm，顶宽11cm，刃宽11.3cm，最大厚度为0.7cm，孔径1.7cm。表面颜色为灰，石质为细黑沙岩，有使用

图七·十　平背形Ⅰ型小型对称形弧刃石刀

痕迹，孔双面用管钻对钻而成。该刀的顶部有一个残孔,该孔不像是使用致残，倒像是钻好后敲去，以求得顶部像长了两个小角的效果。理由是实用孔一般深入顶部一部分，而该刀孔沿正好与顶部平。

图七·十一　平背形Ⅱ型小型对称形弧刃石刀

3．弧背形

第三章图三·一所示石刀，高6cm, 顶宽？cm，弧形刃宽？cm，厚0.4cm，孔径：1.3cm。表面颜色为灰，石质为细黑沙岩，无使用过的痕迹。残，有一个未打穿的孔。（请参见第三章图三·一）

弧背形也分有孔和无孔两种。

4．菱角形Ⅰ型

菱角形与弧背形的主要区别是菱角形的上边中部有一小块凸起。

如图七·十三所示，是菱角形石刀。

图七·十三　菱角形Ⅰ型小型对称形弧刃石刀

高4.5cm，顶宽10.5cm，弧形刃宽10.3cm，厚0.3cm。表面颜色为灰，石质为细黑沙岩，有使用过的痕迹。

5. 菱角形Ⅱ型

菱角形Ⅱ型与菱角形Ⅰ型的区别在于菱角形Ⅱ型的中上部有一个孔，而菱角形Ⅰ型没有孔。

下图七·十四（一）所示菱角形Ⅱ型石刀，高6.7cm，顶宽13.3cm，弧形刃宽12.7cm，最大厚度0.4cm，孔径1.7cm。表面颜色为，石质为细黑沙岩，有使用过的痕迹。

下图七·十四（二）所示菱角形Ⅱ型石刀，高8cm，顶宽13.9cm，弧形刃宽14cm，最大厚度0.5cm，孔径1.1cm。表面颜色为灰，石质为细黑沙岩，有使用过的痕迹。图七·十四（二）的主要特点是：顶部成弧形，两顶角微上翘。

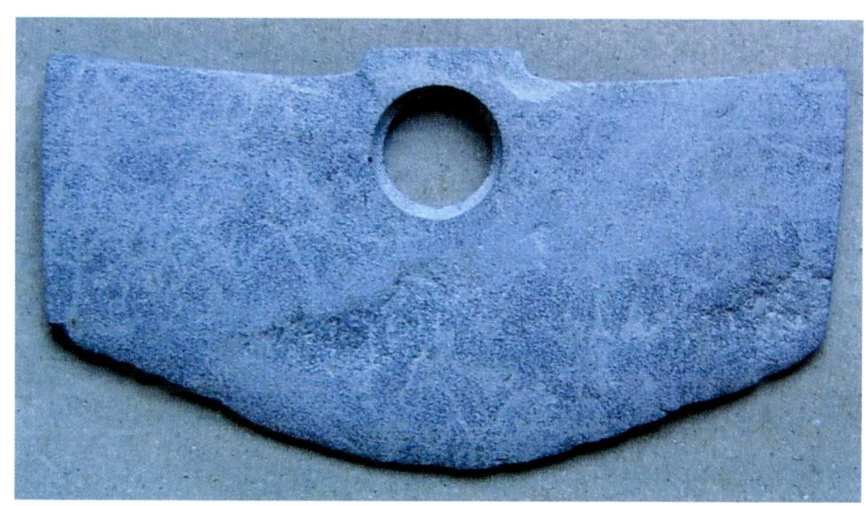

图七·十四（一）菱角形Ⅱ型小型对称形弧刃石刀（一）

图七·十四（二）菱角形Ⅱ型小型对称形弧刃石刀（二）

下图七·十四（三）所示菱角形Ⅱ型石刀，高为9cm，顶宽为14cm，弧形刃宽17.5cm，最大厚度0.4cm，孔径1.5cm。表面颜色为灰，石质为细黑沙岩，有使用过的痕迹，刃薄可裁纸，十分锋利。图七·十四（三）的主要特点是：顶部成弧形，两顶角向上延伸像长了两个小角（一角是老残）。加工精致，形态优美，可惜是个残品。

这一类石刀变化的种类繁多，极具观赏性。

图七·十四（三）菱角形Ⅱ型小型对称形弧刃石刀（三）

上面我列举了5种小型对称形弧刃石刀，其中把第4、5两种称为菱角形石刀。这种称呼是台湾故宫博物院杨美莉在《良渚文化石质工具之研究——三角形石质工具的形制、性质之分析》一文中提出来的，刊登在《农业考古》，1999年第3期。

图七·十五、图七·十六即是杨美莉在上文中给出的6种菱角形石刀类型。上面文中我给出的，平背形Ⅱ型，弧背形，菱角形Ⅰ型，菱角形Ⅱ型，就是杨美莉文中给出的Ⅴ型、Ⅲ型、Ⅳa型、Ⅳb型。

在文中杨美莉提出“Ⅳ菱角形石刀——典型的菱角形石刀”中“Ⅳ菱角形石刀的基本特征有三：

（1）全体基本上呈倒的钝角三角形；

（2）上侧中央有一小平台柄；

（3）柄正下方有一圆孔。具备此三项特征，即构成典型的菱角形石刀；……而此型石刀依其刃部的弧度，尚可分作两个亚型，Ⅳa型为圆弧刃，Ⅳb型为折角弧刃（即典型的三角形弧刃）。

事实上杨美莉把Ⅰ、Ⅱ、Ⅲ、Ⅳa、Ⅳb这5种石刀都称为菱角形石刀。“Ⅴ型的石刀，实称不上是菱角形，其与本节所讨论的倒三角形菱角形石刀的基本条件有若干不符合之处。”

“典型的良渚文化菱角形石刀之制作意念，来自于先民对菱角形状的模仿。”

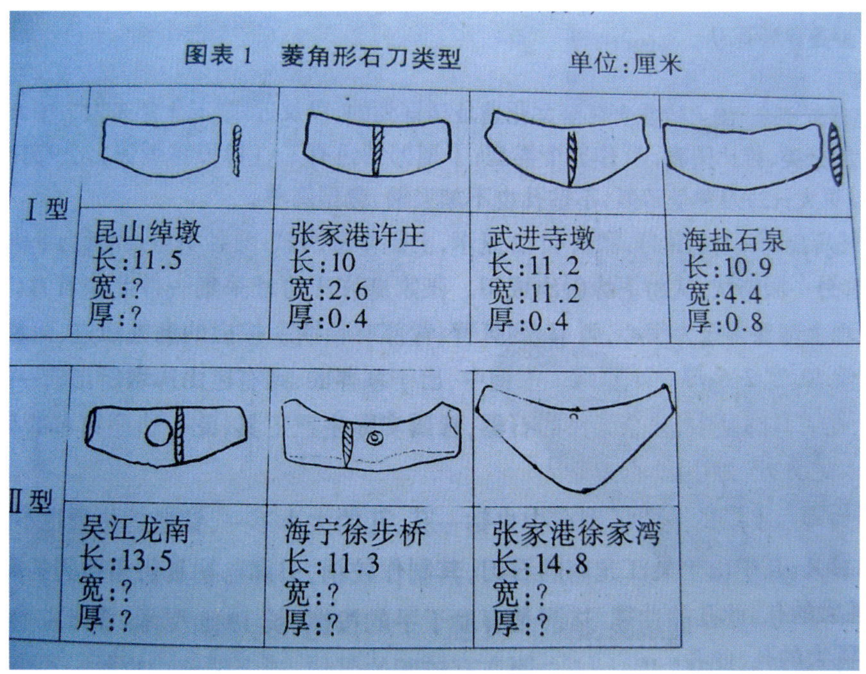

图表1　菱角形石刀类型　　单位:厘米

类型				
Ⅰ型	昆山绰墩 长:11.5 宽:? 厚:?	张家港许庄 长:10 宽:2.6 厚:0.4	武进寺墩 长:11.2 宽:11.2 厚:0.4	海盐石泉 长:10.9 宽:4.4 厚:0.8
Ⅱ型	吴江龙南 长:13.5 宽:? 厚:?	海宁徐步桥 长:11.3 宽:? 厚:?	张家港徐家湾 长:14.8 宽:? 厚:?	

图七·十五　菱角形石刀类型Ⅰ—Ⅱ

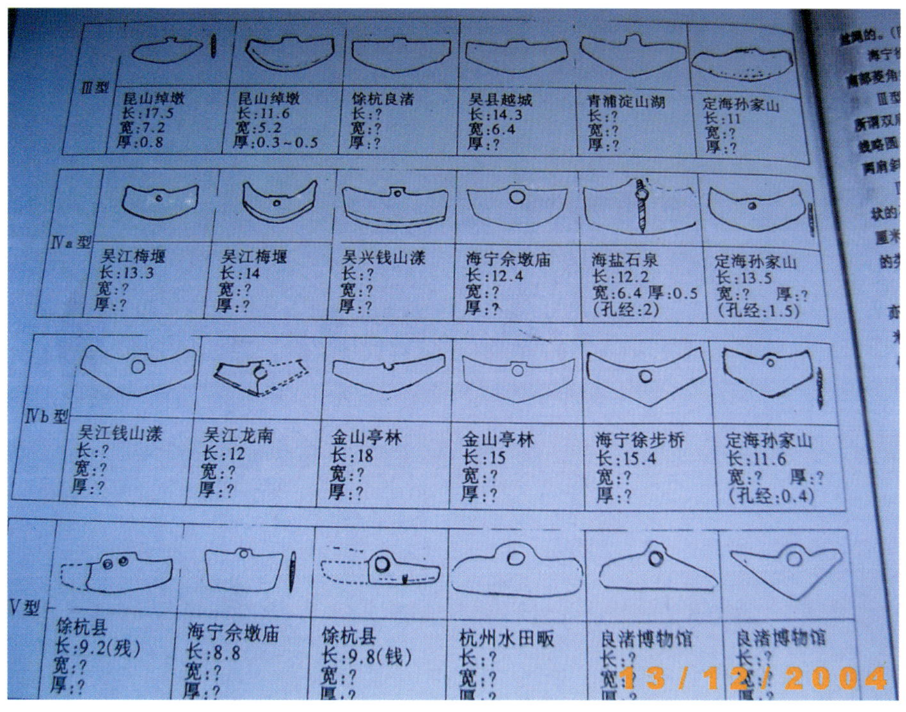

类型						
Ⅲ型	昆山绰墩 长:17.5 宽:7.2 厚:0.8	昆山绰墩 长:11.6 宽:5.2 厚:0.3~0.5	馀杭良渚 长:? 宽:? 厚:?	吴县越城 长:14.3 宽:6.4 厚:?	青浦淀山湖 长:? 宽:? 厚:?	定海孙家山 长:11 宽:? 厚:?
Ⅳa型	吴江梅堰 长:13.3 宽:? 厚:?	吴江梅堰 长:14 宽:? 厚:?	吴兴钱山漾 长:? 宽:? 厚:?	海宁余墩庙 长:12.4 宽:? 厚:?	海盐石泉 长:12.2 宽:6.4 厚:0.5 (孔经:2)	定海孙家山 长:13.5 宽:? 厚:? (孔经:1.5)
Ⅳb型	吴江钱山漾 长:? 宽:? 厚:?	吴江龙南 长:12 宽:? 厚:?	金山亭林 长:18 宽:? 厚:?	金山亭林 长:15 宽:? 厚:?	海宁徐步桥 长:15.4 宽:? 厚:?	定海孙家山 长:11.6 宽:? 厚:? (孔经:0.4)
Ⅴ型	馀杭县 长:9.2(残) 宽:? 厚:?	海宁余墩庙 长:8.8 宽:? 厚:?	馀杭县 长:9.8(钱) 宽:? 厚:?	杭州水田畈 长:? 宽:? 厚:?	良渚博物馆 长:? 宽:? 厚:?	良渚博物馆 长:? 宽:? 厚:?

图七·十六　菱角形石刀类型Ⅲ—Ⅴ

事实上小型对称形弧刃石刀远不止上面所列举的那几种，下面我们继续请看：

6．*雁行刀*

图七·十七所示为一把雁行刀。这把石刀像一只在空中展翅高飞的鸟的双翅，又

像空中列队飞行的大雁，所以我把它取名为雁行刀。该刀翼展11.8cm，顶宽3.2cm，厚0.6cm，孔径1.1cm，双面管钻孔。石质为深黑色（像是石墨）表面有一层附着物，没有使用过的痕迹。

图七·十七　雁行刀

7. 三角刀

图七·十八是一把三角形石刀。该刀整体成一三角形，弧形刃。长13.8cm，高9cm，最大厚度1.1cm。

图七·十八　三角形石刀

8. 璜形刀（刃在圆弧面）

请看第四章图四·十二：带有深色网纹图案的小形对称形璜形石刀。长12cm，高4.5cm，厚0.3cm，厚度很均匀。有两个对钻的直径为0.8cm的小孔，看来是用来穿

系绳索用的。材质为页岩，没有使用过的痕迹。

9. 璜形刀（刃在平直面）

该璜形刀与上面的璜形刀的不同之处是：上面的一把璜形刀的刃口是在弧形面，而这一把璜形刀的刃口是在平直面。这是一把残件。

图七·十九　璜形刀（刃在平直面）

10. 月牙刀1

该刀的形状像一弯新月，该刀的特点是：前弧面全部磨成刃口，后弧面有一部分磨成刃口。

图七·二十　月牙刀（双面刃，刃主要在凸面）

11．月牙刀2

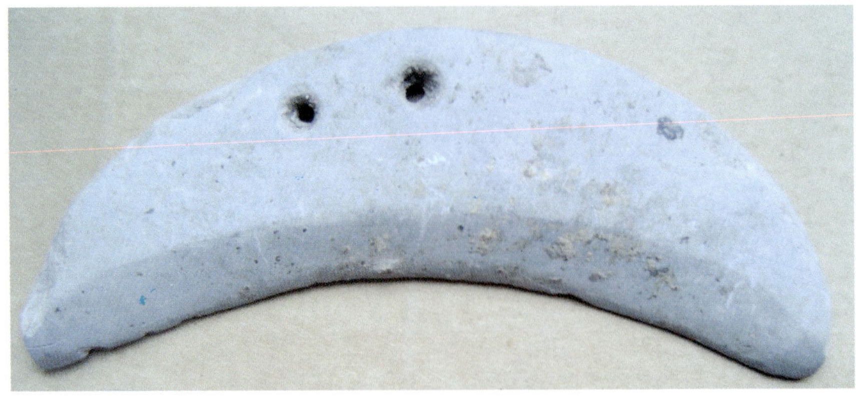

图七·二十一　月牙刀（刃在凹面）

12．V形刀

最大宽度19.3cm，顶宽4.6cm。两角后掠，像英文中的V字。

图七·二十二　V形刀

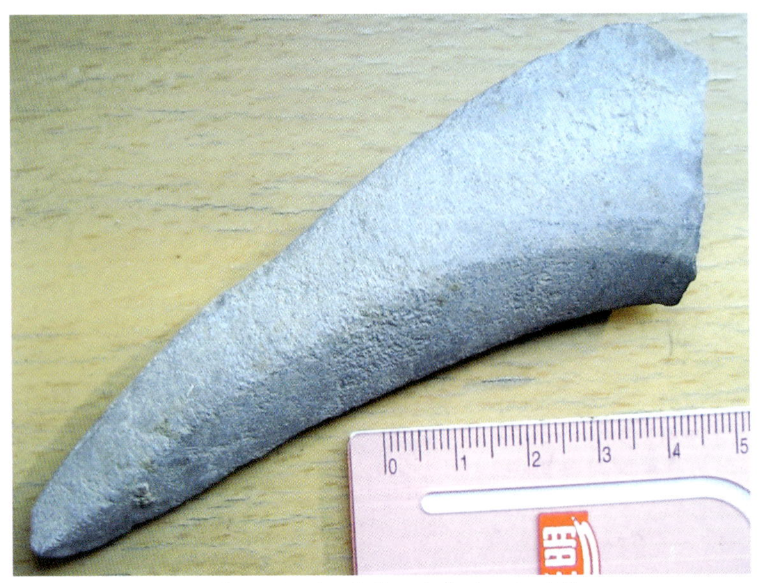

图七·二十三　V形刀残件（此件是一实用器）

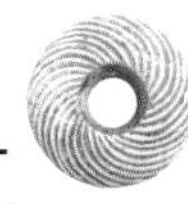

上面我列举了12种小形石刀的例子，从图中可以看出这些石刀有几个共同的特点：

1. 形状都很小巧，便于用手直接握住使用。
2. 石刀的左右两边成轴对称。
3. 刃成弧形状。

于是我把这些特点归纳为一个名称：小型对称形弧刃石刀，以区别于不对称形石刀。不对称形石刀包括镰刀、砍刀、长把带把刀、短把带把刀等。

二、关于小型对称形弧刃石刀的名称

1. 前面我已经说过，此类石刀名称颇多，流传最广的要数“耘田器”。称做耘田器者所根据的理由是：因为发掘出土时，见其与南方现在使用的铁制耘田器有些相似，并认为其穿孔的地方是用作插木杆或竹竿的，孔缘外突出的一块是用来系绳索的。后来原发掘者发现此命名有误，想要更正，但已流传甚广，为时太晚，留作笑柄。下面是关于“耘田器”的更正。“回顾当年钱山漾两次发掘的成绩，同时也不能回避失误和教训。当初最大的失误是在……其二是对某些前所未见器物以功能性命名时不够慎重。石器中的‘耘田器’即是一例。”（牟永抗《关于良渚、马家浜考古的若干回忆》此文刊登在《农业考古》，1999年第3期，第5页）
2. 台湾故宫博物院杨美莉在《良渚文化石质工具之研究——三角形石质工具的形制、性质之分析》一文中，（刊登在《农业考古》，1999第3期。）曾把上面提到的前五种小型对称形弧刃石刀称为“菱角形石刀”并共分为I—V六种类型，其中IV型又细分为IVa、IVb两种形式，对于V形石刀，杨美莉认为“V型的石刀，实称不上是菱角形，其与本节所讨论的倒三角形菱角形石刀的基本条件有若干不符合之处”。杨美莉想把良渚时期的小型对称形弧刃石刀用一个名称“菱角形石刀”来概括实在是有一定的难度。
3. 当地人对此类刀的称呼为弯刀、蝶形刀等。

第五节　带把刀

带把刀可以分为两类：一种是长柄带把刀，另一种是短柄带把刀。

这两种带把刀的区别在于刀柄的长短。长柄带把刀是一种用手直接握着使用的石刀；而短柄带把刀是需要按上柄才能使用的。长柄带把刀的刀柄和刀身是连成一体的，没有明确的界线；而短柄带把刀的刀柄和刀身有明确可分的界线，它的短柄是用来加接其他材料的手柄使用的。

一、长柄带把刀

1. 宽柄长柄带把刀

图七·二十四为一把宽柄长柄带把刀，长14cm，刃宽5.8cm，厚0.6cm，弧形双面圆刃，硬度大于5度，由含铁矿沙的片状沉积岩制成。

这把刀的主要特点是：

（1）长刀柄与刀身是连成一体的，这在良渚文化的石刀中是比较少见的。

（2）长刀柄的两边都加工成弧形，两弧形间的中心距离为4cm，非常适合成人的手使用。

（3）顶端加工成一个小斜面，以利于拇指配合其他四个手指用力。

（4）整个刀体线条流畅，可以看出当时人类的审美观。

用途：

根据我的观察，这把刀跟修鞋工割皮革的刀很像，因此我估计这把刀是用来剥皮的专用工具。

图七·二十四　宽柄长柄带把刀

2. 窄柄长柄带把刀

图七·二十五是一把窄柄长柄带把刀，长12cm，刃部成三角形，刃部残存4cm，柄部横截面近似长方形。

这把刀的主要特点和前一把基本相同，主要的区别在于：前一把是弧形双面圆刃，这一把是三角形双面尖刃。

这把刀的用途是：由于有一个三角形的尖刃，可能是在需要剔、划、割的地方用的。

图七·二十五　窄柄长柄带把刀

二、短柄带把刀

1. 图七·二十六所示是一把短柄带把刀。长10.8cm，高5.6cm，厚0.7cm。刀的前端较薄而刀柄处较厚，刀柄和刀身的连接处特地磨光，以利于绑扎绳子用。

这把刀的造型很像同时期的“斜柄石锹——铲土用的农具”，只不过是小型化了而已。

图七·二十六　平头短柄带把刀

2. 尖头短柄带把刀

图七·二十七所示是一把尖头短柄带把刀。长9.8cm，高4cm，厚0.6cm。刀柄和刀身的连接处有两个明显的凹槽，以利于绑扎绳子用。

这把刀的造型是一个三角形，三角形的两边都有刃，是一把可以两面用的小型刀具。

图七·二十七　尖头短柄带把刀

3. 圆头短柄带把刀

图七·二十八所示是一把圆头短柄带把刀。长15.5cm、高3.2cm、厚0.5cm。刀柄和刀身的连接处有明显的分界，刀柄比刀身窄了一些，并且两边磨平，是一种具有榫卯结构形式的刀具。残件，刀柄已断，是后接的。

这把刀的造型是一个长条形，刀身的两边都有刃，是一把可以两面用的小型刀具。

图七·二十八　圆头短柄带把刀

4. 矛形刀

图七·二十九是一把矛形刀，矛尖老残。估计是一把长矛的矛尖，是打鱼捕猎用的工具。

图七·二十九　矛形刀

5．砍刀

图七·三十这把刀有点像南方砍柴砍茅草用的刀。

图七·三十　砍刀

6．有柄璜形刀

图七·三十一　有柄璜形刀

第六节　镰刀及其他

1．镰刀

图七·三十二是一把镰刀。这把镰刀品相特完整，造型非常优美流畅，十分难得。该镰刀长20cm，最大高度8cm，厚0.6cm。是由含铁矿沙的片状沉积岩制成的。

图七·三十二　镰刀（一）

严格意义上来说，它是一把短柄带把刀，是一种具有榫卯结构形式的刀具。它的刀后端约2cm处向内收缩，并留有装柄磨损的痕迹，弧形弯刃，刃口非常锋利，是一件实用器。就是现在按上木柄不用磨，也可以用来割东西。

奇特之处是它的形状和现在的镰刀一模一样，只不过它是石头的，而现在的是铁制的。

从它的长度达20cm来看，可以看出当时的水稻是撒播而不是条播。

图七·三十三是一把镰刀。这把镰刀长16.8cm，最大高度5cm，厚1cm。是由含铁矿沙的片状沉积岩制成的。这是一把左手使用的镰刀。

图七·三十四是一把镰刀。这把镰刀长14cm，最大高度3.8cm，厚1.1cm。

图七·三十三　镰刀（二）

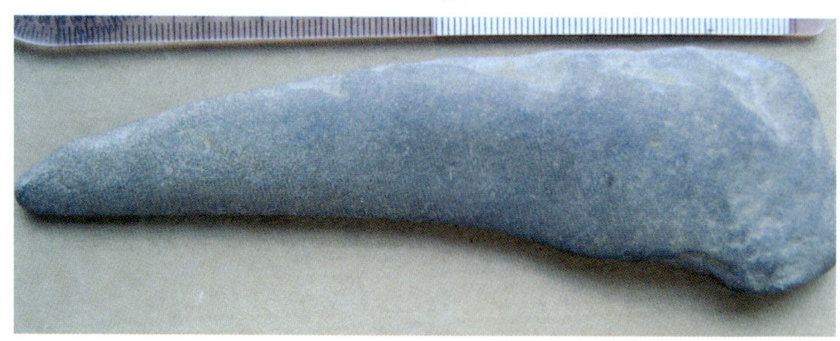

图七·三十四　镰刀（三）

2. *无柄不对称形石刀*

图七·三十五是一把无柄不对称形石刀，它的独特之处在于以前介绍过的无柄石刀都是对称形石刀，而这一把是无柄不对称形。这在良渚时期的无柄石刀里是十分罕见的。

图七·三十五　无柄不对称形石刀

第八章

圭的起源及演变过程

在商周时期，璧、琮、圭、璋、琥、璜这六种玉器作为祭祀用玉，并称为六瑞。《周礼·大宗伯》说：“以玉作六器，以礼天地四方。以苍璧礼天，以黄琮礼地，以青圭礼东方，以赤璋礼南方，以白虎礼西方，以玄璜礼北方。”圭是六瑞之一。可见圭在我国历史上曾起过重要的作用。

第一节　圭在我国历史上的作用

礼制是我国古代的重要制度。在施“礼”活动中，最重要的是祭祀和祷告，《说文》释礼：“礼，履也，所以事神致福也，”也就是说，“礼”是祭神祈福的方法。

玉礼器是指璧、琮、璜、圭等器物，这些玉器产生于新石器时期的后期。商周时代，是礼器系统形成的时期，商代玉器中，礼器数量很大，琮、璧、璜的样式也非常多。此外玉钺、玉戚、玉刀、玉戈等玉兵器也属礼器。在春秋战国，由兵器演化而来的玉礼器明显减少。璧类器物明显增多，重要的礼器玉琮出现了退化趋势。目前，春秋战国墓葬中出土的玉琮为数极少。从古文献上看，当时的主要礼器是圭和璧。

一、圭、璧及诸礼器

圭和璧是最重要的礼器。古人在祭神祈福时，认为这两种器物能超脱自然，同祖先神灵相通，或能增加仪式的隆重程度而惊动鬼神。《尚书·金縢》记述了武王有疾，周公为武王占卜祷告时的情况：“为三坛同墠，为坛于南方北面，周公立焉，植璧，秉珪乃告：……尔之许我，我其以璧与珪归俟尔命；尔不许我，我乃屏璧与珪……”

成书于战国末年的《周礼》以儒家注重礼的形式表现为出发点，结合自周以来的用玉情况，对玉礼器的使用进行了充分的想象，提出了玉器的“六瑞”“六器”之说。《周礼·春官·大宗伯》：“以玉作六瑞，以等邦国。王执镇圭，公执桓圭，侯执信圭，伯执躬圭，子执谷璧，男执蒲璧。”这里所讲的诸般玉器就是儒家所谓的“六瑞”，“以玉作六器，以礼天地四方。以苍璧礼天，以黄琮礼地，以青圭礼东方，以赤璋礼南方，以白琥礼西方，以玄璜礼北方。”这便是系统的六瑞六器之说，它对于后世的用玉制度有很大影响，到了元明时代仍循其旧。《元史·祭祀一》记载了元代祭祀时使用“六器”的情况：“器物之等，其目有八：一日圭璧。昊天上帝苍璧一，有缫藉，青币一，燎玉一，……配帝青币一，黄帝黄琮一，青帝青圭一，赤帝赤璋一，白帝白琥一，黑帝玄璜一，币皆如其方色。大明青圭有邸，夜明白圭有邸，天皇大帝青圭有邸，北极玄圭有邸，币皆如其玉色，内官以下皆青币。”

在吉、军、嘉、宾、凶五礼中，玉礼器使用得很普遍，其中又以玉圭使用的范围最广。《周礼·大宗伯》记述了在五礼中所使用的玉器名称及用途：“四圭有邸以祀天旅上帝；两圭有邸以祀地旅四望；祼圭有瓒以肆先王，以祼宾客，圭璧以祀日、

月、星、辰；璋邸射以祀山川，以造赠宾客；土圭以致四时日月，封国则以土地；珍圭以徵守，以恤凶荒；牙璋以起军旅，以治兵守；璧羡以起度；驵圭、璋、璧、琮、琥、璜之渠眉；疏璧、琮以敛尸；谷圭以和难，以聘女；琬圭以治德，以结好；琰圭以易行，以除慝……”

上述这一段话中，提出了一系列的古代玉器名称，这些器物形状究竟如何，成了千古之谜。古往今来，许多学者对此加以考证，欲给它们以准确的解释，但众说纷纭。各家说法又无确凿依据，因而个别学者认为，这些器物是汉儒凭空的想象。现在看来，《周礼》所言用玉之事，带有一定的理想化倾向，但说是纯粹的想象，还不能令人信服。

在这些莫明其物的玉器中，尤以各种形式的玉圭令人莫测，清代乾隆皇帝曾写文章，专门进行论述考据，又组织制造了成组玉圭，每组六件，其上分别雕有镇圭、躬圭、琰圭、谷圭、介圭、瑑圭字样。现将其中一组的具体情况介绍如下：

镇圭，青玉，长方形，上端凸起圭角。一面篆“镇圭”二字，另一面雕海水和日月七星图。两侧边缘分别有楷书“镇圭”“大清乾隆年制”。

琰圭，9.9x3.6x0.5cm。白玉，长方形，上端凸起圭角。一面楷书“琰圭”二字，另一面雕回文锦地、双斧及弓形纹。两侧面分别刻楷书“琰圭”“大清乾隆年制”。

躬圭，13.6x4x0.7cm。白玉，长方形，上凸起圭角。一面篆“躬圭”二字，另一面雕勾云纹边框，内雕一人，博衣宽带，持一笏，躬身。两侧面分别刻“躬圭”“大清乾隆年制”。

谷圭，13.5x4.2x0.8cm。白玉，长方形，上端起圭角，一面雕“谷圭”二字，另一面雕谷粒42粒，两侧面分别刻“谷圭”“大清乾隆年制”。

介圭，15x4.5x0.6cm。白玉，长方形，顶端三隆起似“山”字形。一面刻“介圭”二字，另一面为五岳之符。两侧面分别刻“介圭”“大清乾隆年制”。

缘圭，9.9x3.5x0.5cm。白玉。一面篆刻“缘圭；二字，另一面雕双线卷草纹框，框内布满海水纹。

以上六圭叠放于“昭华衾德”紫檀木匣内。匣四面雕楷书描金乾隆御制文“五瑞五玉名考”。

乾隆之后，清人吴大澂对《周礼》所说的玉器进行了考释，他把收集到的古玉器同《周礼》对照，依《周礼》定名。但他收藏的实物，多为商以前器物，以《周礼》附会定名，未免牵强，尤其是圭、璋类器物定名是否得当，尚需重新考释（以上摘自张广文：《玉器史话》，第43～45页）。

第二节　圭到底在什么时候形成

商周时期的六大礼器璧、琮、圭、璋、琥、璜中有三大礼器璧、琮、璜都源自于良渚文化，估计对此人们没有多大争议。但圭的起源至今仍是一个谜。搞清楚它的来源和演变过程是很有必要的。先看下面两段文字：

1. 2004年9月我曾跟随前上海博物馆副馆长一起参观嘉兴博物馆。我问嘉兴博物馆馆长：馆内为什么没有玉圭？上海博物馆副馆长答道：良渚文化时期没有圭，圭是商、周以后才有的器型。
2. 周南泉先生是我国著名古玉器研究、鉴赏专家，故宫博物院研究员。他在《艺术市场》杂志《古玉鉴定系列之三》的《继承殷商而又有新发展的西周玉器》一文中谈到："西周时亦发现一些以往不多见的玉器，常见的有玉兽面、玉圭、玉束帛形器等。其中玉圭的新出现尤引人注意，形作扁平尖首无刃状，与文献记述中的圭形之说相合。还必须指出，青铜明稳重，"圭"字的出现亦在西周，因此，把这种玉器的最早历史定位在西周是不成问题的，也说明以往把西周以前首端有刃的玉、石斧定名为圭，并将其始创年代定在新石器时期是不妥的。"

上面的两段文字说明，在我国考古界"圭的起源及演变过程"还是一个未解之谜。要想知道这个谜底，请听我慢慢道来，看看是否破解正确。

第三节　圭产生的原因

前面我已论述过，处于原始社会末期的良渚文化，时间大约在4400～5300多年间。这个时期的社会已处在比较发达的农耕社会，手工业正逐渐地从农业中分离出来，这个时期大量使用的石钺已经完成了从一般商品到货币的转变，成为当时社会的一般等价物——货币。

根据马克思主义的观点，早期原始社会的商品交换一般发生在部落之间，是部落与部落之间的交换，或是大批量商品之间的交换。早期原始社会实行的是群婚制，是母系氏族社会。随着对偶婚制逐渐取代群婚制，母系氏族社会进化为父系氏族社会，以父亲为主的小家庭逐渐成了交换的主体。

交换主体的细分化带来的直接后果之一就是交换次数的大量增加。另一个是每次

交换的商品数量的减少。商品交换的等价性原则决定了生产交换商品的劳动时间必须一致。被交换商品的多样性决定了货币品种的多样性。当时不可能有现在这样多面值的货币，只能体现在货币品种的多样性上。

为了适应货币品种的多样性的要求，石斧（钺）在各种可能发生变化的方面如肩、腰、刃、面、大小、厚度都发生了变化。一般石斧（钺）的长和宽的比例为4:3，符合人们的审美观点和实用需要。但石斧（钺）的变化还表现在长和宽的比例上。在宽度上的变化使石斧变成了另一种器型——石刀，前面已作介绍。而在长度上的变化使石斧（钺）演变成了另一种器型——圭。这就是圭产生的社会、经济的原因。

货币品种的多样性的要求，只是反映了器型变化的一个契机和要求，它促使了各种器型的石器的多样性发展。

第四节　良渚文化时期的圭是什么样的

在介绍良渚文化时期的圭之前先了解一下商周时期的圭。《周礼》说：“以青圭礼东方”，“王执镇圭，公执恒圭，侯执信圭，伯执躬圭”，“琬圭以治德以修好，琰圭以易行以除慝”。一般说来，“商周前的圆形片状玉器通称为璧，长方形片状玉器通称为圭，有些圭顶部微隆起。”（以上摘自张广文：《玉器史话》，第7页。

从上面的这一段话可以看出，圭是一种长方形片状玉器。

商周时期比良渚文化时期晚了将近两千年，那么良渚文化时期的圭是什么样的呢？它是不是一种已经固定了的器型？下面我就来给大家进行一下分析。

在浙北杭嘉湖平原一带有一种长条形的扁平尖首玉石器，当地人把它叫做圭，它的器型显然和长形的斧和钺有明显的不同，它脱胎于斧和钺，又融合了多种器型的部分特点，是一种已经定型了的器型。

下面请看图八·一至图八·六，这是一把淡绿色大理岩玉圭，长16cm，最宽处4cm。表面氧化及风化得很厉害，没有氧化前的颜色是淡绿色，为了大家能看得清楚，我给出了各个局部的细图。

图八·七至图八·八中是一把黑石圭，长13cm，最宽处4cm。

这两把圭的区别是：淡绿色大理岩玉圭是一面起脊，而黑石圭是两面起脊，它们代表了圭的两种不同的器型（这是两件民间收藏品）。圭是良渚玉石器中罕见的器型，俗话说：玉器好找，圭难寻。圭是六瑞——璧、琮、圭、璜这四种良渚玉器之中存世最少的。

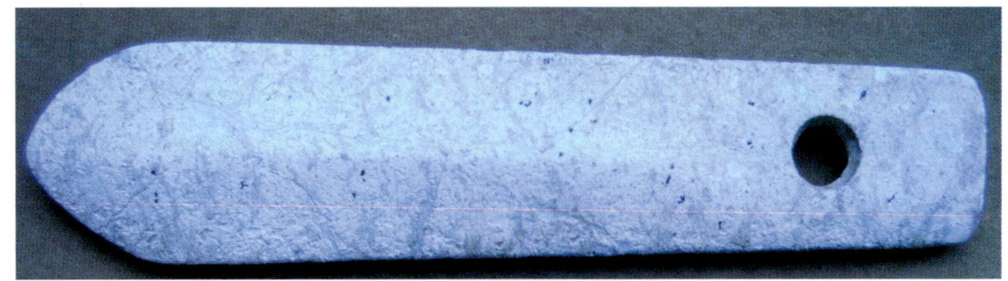

图八·一　良渚文化时期的圭

图八·二　良渚文化时期的圭的反面

图八·三　良渚文化时期的圭的管钻孔

图八·四　良渚文化时期的圭面中间的脊

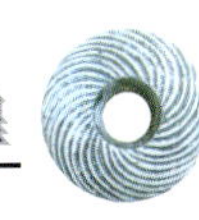

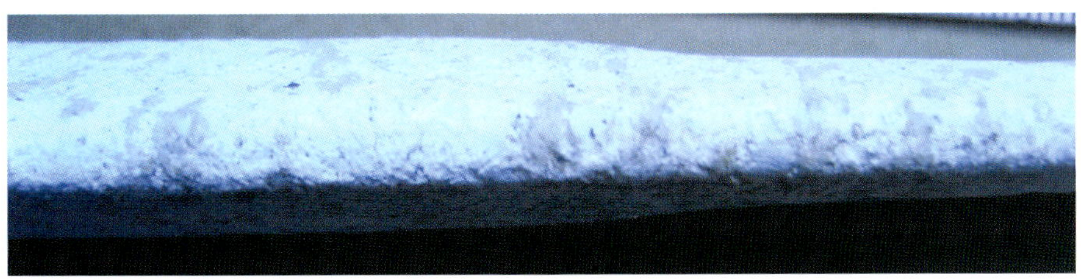

图八·五　良渚文化时期的圭的侧面和假段

图八·六　良渚文化时期的圭的刃部

图八·七　黑石圭

图八·八　黑石圭的反面

从上面的八个图可以看出，良渚文化时期的圭的形状是长条形，刃部尖，肩部较窄而刃部较宽，靠肩部上端有一假段，段上有一管钻孔，在离孔不远处的圭面中间开始起脊直达刃尖，有的中脊在刃部表现得不很明显，两腰无刃。似匕不是匕，似锛不是锛，似钺不是钺，虽然其中有一把玉圭表面风化得很厉害，但仍可看出它的形态是十分优美的。

第五节　假段和脊

一、什么是段

段是分段的意思，在第四章出现过，图四·九是有段石锛的正面，第十章的图十·八是有段石凿和有段石锛的侧面。从图十·八可以清楚地看出，有段石锛的正面分为两段，靠近顶部的一边低下去一部分，低下去是为了起定位作用，便于把木柄捆绑在器柄上后，在使用时不向下滑动。有段石锛是良渚时期的典型器物，段有时也出现在长条形的石凿上，如图十·八所示。

二、假段

假段是指分段的两部分，由于高出来的那一段磨制成起脊状，致使两部分的分段不十分明显，故称为假段。

三、什么是脊

中间隆起的意思。常出现在石箭头、矛等器物上，第十章的图十·六祭祀用石凿的正面也有一条中间隆起的脊。

事实上，从钺到圭的演变过程中还吸收了部分有段石锛和矛的因素。

第六节　圭的演变过程

前面已经说过，为了适应货币品种多样性的要求，石斧（钺）在各种可能发生变化的方面如肩、腰、刃、面、大小、厚度都发生了变化。石斧（钺）的变化还表现在长和宽的比例上。长度上的变化使石斧（钺）演变成了另一种器型——圭。

先来看长度变长的石斧，第六章的图六·六 是一把长度变长的石斧，仅仅是长度上变长的石斧还不能叫做圭，它的基本特征还是和斧一样。在斧（钺）通往圭的道路上还有很长的路要走。下面请看图八·九和图八·十，图八·九是一把小的长双孔白石斧，图八·十是它的侧面图。从侧面看它已经有点像圭了，但从正面看它还不像圭，正面的中间还没有隆起起脊，刃部还太圆，所以我把它叫做似圭。我见过的像（似）圭的石斧还有几把，形态各异，由于没有照片不能在这里介绍。

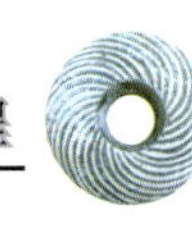

图八·九　双孔白石似圭

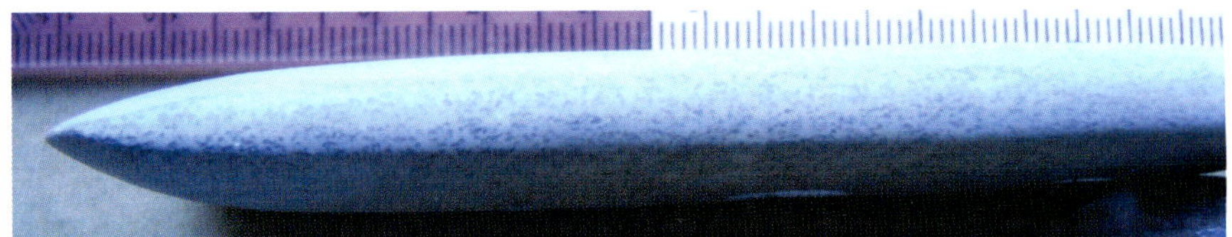

图八·十　双孔白石似圭的侧面

光是找到了“似圭”还是不能说明圭是从钺演变而来的。如果能找到既像钺又像圭的器型那就能说明圭是从钺演变而来的。正好我找到了一把既像钺又像圭的器型，先请看下面的图例：

图八·十一　钺圭的正面

图八·十二　钺圭的反面

图九·四　长度近似半圆的马家浜文化玉璜

图九·五　所示弧度变缓的马家浜文化玉璜是江阴祁头山遗址出土的

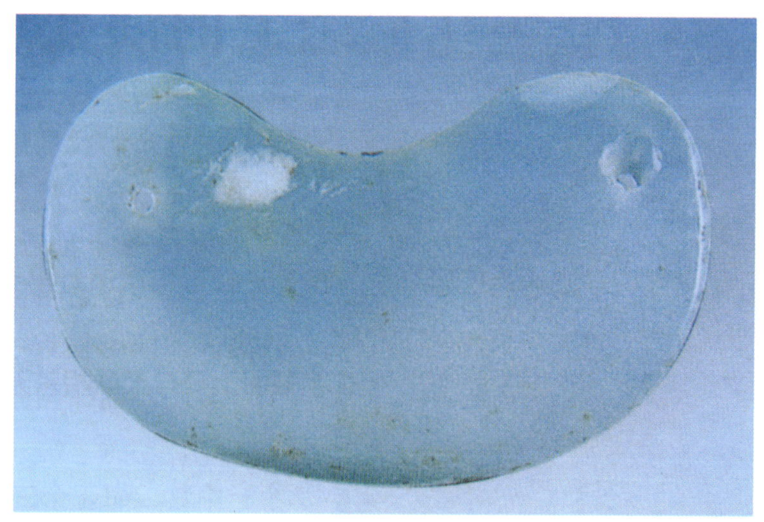

图九·六　扁平状的玉璜

最后要说明的一点是，所谓玉璜的起源缘自古代人对虹的崇拜是不正确的。

以上本章的照片资料均来自《马家浜文化》（嘉兴市文化局编）。

第十章

玉璧的起源

在商周时期，璧、琮、圭、璋、琥、璜这六种玉器作为祭祀用玉，并称为六瑞。璧为六瑞之首，用以礼天。关于璧的起源同样是众说纷纭，我这里提出的一种看法也是与众不同的：璧是源自于管钻孔留下的管芯的再利用。

第一节　小型璧的起源是管钻孔留下的管芯的再利用

前面已经说过：管钻法起源于6000年前的马家浜文化时期，使用管钻法对玉石器进行打孔，会留下一个圆形的管芯。如果是一般的石头，管芯可能会被丢弃。如果是玉芯，由于玉材难得，加工不易，管芯就会被再利用。这种看法显而易见是正确的。由于没有找到当地的实例，借用凌家滩文化的一张图来说明这个看法（凌家滩文化与良渚文化早期是同一时期）。安徽省文物考古研究所：《凌家滩玉器》，文物出版社出版。

图十·一　凌家滩文化出土保留下来的一部分管钻法玉芯

图十·一中大约有三十个管钻法留下的玉芯，其中有一个已被加工成璜片（半成品）。这一张图可以说明管钻法留下的玉芯是不会被轻易抛弃的，它会被用来再加工成小件的玉器。

下面我们再来看一件良渚文化时期用管钻法留下的玉芯改制的小玉璧。

此小玉璧外径2.8cm，厚3～4mm，中间有一个仅5.5mm大小的管钻孔，这是我见到的最小的管钻孔。沁色和氧化层都有，包浆也很好。奶黄色的氧化层很少见，整

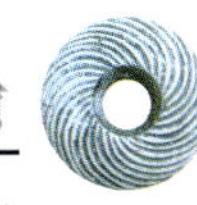

体表面有一层若隐若现的白雾，氧化层和包浆全部跟通。第五章图五·十三为良渚文化时期用管钻法留下的玉芯改制的小玉璧（透光图）。

图十·二　良渚文化时期用管钻法留下的玉芯改制的小玉璧（正面图）

其实在良渚文化时期，不仅把管钻法留下的玉芯改制成小玉璧，另外还有的把好看的石头也加工成小石璧，这说明在良渚文化时期小型的璧也是一种装饰品。请看图十·三。

图十·三　小石璧的正面

图十·四　小石璧的侧面

图十·五　小石璧的管钻孔

该小石璧直径为5.3cm，双面管钻孔。

第二节　祭祀用品——小型器物的大型化

在出土的良渚石器中，有时可以看到一些超大型的物品。比如：边长50厘米以上的石斧，60厘米以上的锥形器等等。这些超大型的器物，不是日常的劳动和生活用品，而是祭祀用品。下面请看图十·六，这是一把祭祀用石凿。

图十·六　祭祀用石凿

该石凿长38.2cm×宽5.9cm×厚4.5cm。

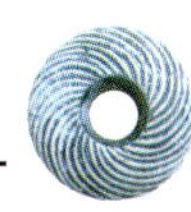

再请看图十·七祭祀用石凿的刃部放大图，图中的点状白点是点状鸡骨白。

图十·七　祭祀用石凿的刃部放大图。

由于该石凿尺寸超大，而一般的石凿都在10厘米以下，超过15厘米的很少见，而该石凿竟长达38.2厘米。再请看该石凿的刃部放大图，刃部是很漂亮的圆弧形，没有使用过的痕迹，显然是一件非实用器。实用器的刃部是很尖的。可参看图十·八有段石凿和有段石锛，黑的一把是有段石凿。它们的刃部是很尖锐的，这两件都是实用器。顺便说一句，石凿一般是没有段的。

由此可见，上面的那一把超大型石凿是一把祭祀用石凿。

图十·八　有段石凿和有段石锛

第三节　小型璧的大型化

璧的大小尺寸有多种，尤以14～18cm为最多，最大的甚至有28cm。几厘米的小型玉、石璧也常见。璧是一种延续四五千年至今的玉器。小型璧一般作装饰用，而大型璧常用于祭祀。

平时说的璧是指大型的璧，一般直径在18厘米左右。很显然小型璧和大型璧在形状上并没有什么区别，大型璧只是小型璧的大型化，也就是说璧是由于祭祀的需要从小型璧演变而来的。而小型璧的起源是管钻孔留下的管芯的再利用，所以说，**璧的起源是管钻孔留下的管芯的再利用**。

后　　记

因为收集资料的原因，上册就写到这里。由于这是一本实践性很强的书，我想先听一听读者对这部分内容的反映，以便把下册写得更通俗易懂、更实用。

下册要介绍的内容，一部分是上册未谈及的良诸文化时期其他玉石器的器型，以便广大读者对良渚文化时期玉石器的器型有一个全面的了解。

良渚文化时期的玉石器大部分都有孔，孔有大小之分，大小孔的加工方法是不同的。在上册里我主要介绍了对大孔的玉石器鉴别，在下册我会谈到对小孔的玉石器的鉴别。

鸡骨白一直是鉴别良渚时期玉器的重点和难点，在下册里我会通过一些实例来介绍如何鉴别典型性（表面全部是鸡骨白）和非典型性鸡骨白。在当前的市场中，全鸡骨白的良渚玉器由于太出名且较易辨认已很难找到。只有那些非典型性鸡骨白，具有似是而非的特征，一般人认不清，正等待着你去收藏。

在下册里我还会通过分析良渚时期玉器的其他一些表面现象，比如风化、腐蚀、裂纹等一些特点，来介绍如何鉴别良渚时期的玉器。

希望通过这本书的学习，能提高您的鉴别水平。